营销女皇董明珠

从普通销售员到格力空调总裁

张廷伟◎著

中华工商联合出版社

图书在版编目（CIP）数据

营销女皇董明珠/张廷伟著. —北京：中华工商联合出版社，2007.9

ISBN 978 - 7 - 80193 - 613 - 4

Ⅰ. 营… Ⅱ. 张… Ⅲ. 董明珠—生平事迹 Ⅳ. K825.38

中国版本图书馆 CIP 数据核字（2007）第 137319 号

营销女皇董明珠

作　　者：张廷伟
责任编辑：刘伟娜
版式设计：久品轩
责任审读：海　鸿
责任印制：迈致红
出版发行：中华工商联合出版社有限责任公司
印　　刷：三河文阁印刷厂
版　　次：2007 年 7 月第 1 版
印　　次：2014 年 3 月第 4 次印刷
开　　本：787 × 1092 毫米 1/16
字　　数：220 千字
印　　张：16
书　　号：ISBN 978 - 7 - 80193 - 613 - 4
定　　价：36.00 元

服务热线：010 - 58301130
销售热线：010 - 58302813
地址邮编：北京市西城区西环广场 A 座 19 - 20 层，100044
http：//www.chgslcbs.cn
E - mail：cicap1202@sina.com（营销中心）
E - mail：gslzbs@sina.com（总编室）

再版说明

《营销女皇董明珠》第一版自2007年上市以来，销量就一直稳居同类书的前列，受到了读者的认可和喜爱。

在出版后，我们通过书店访谈、读者交流和网络留言等途径，了解到读者喜欢本书的几个原由：

其一，董明珠女士的奋斗历程让人钦佩，而本书就是重点讲述她“从普通销售员到格力空调”的过程，激励了很多在奋斗途中的人们；

其二，本书并没有局限于董明珠自身的故事，而是通过对其经历的挖掘，来总结出她之所以成功的原因，让读者可以从中学到一些行之有效的经验；

其三，本书风格平实，穿插了很多有趣的寓言故事和商业案例，增添了读者在阅读过程中的乐趣。

升级版中，在保留主体结构的基础上修正了第一版中存在的一些错误，删掉了一些冗余的段落，以求更加精练、清晰。而在书的最前面，我们整理了董明珠女士一些关于营销的语录，以期对读者有所帮助。

读者的喜爱无疑是对我们工作的极大认可，我们也坚信这份喜爱背后是源于对董明珠女士身上那种执著精神的认可：不论是谁，只要坚持原则，脚踏实地，勤奋诚恳，这样的人就会成功，就会得到社会的认可。在一个急功近利的时代里，我们也感到这样一份坚守的可贵，而将这种精神继续传递给更多的人，在我们看来无疑是有价值的。这也是我们再版的原因。

最后，衷心感谢那些喜欢和支持本书的读者朋友们，能对你们的生活和工作有些许的帮助，都让我们感到极大的慰藉，而你们的喜爱，则是我们继续前行的动力。

董明珠营销语录

1. 真正良好的销售策略，不仅仅在于是否把货卖出去、把钱赚回来，而且要看工厂和商家之间，能不能通过操作的一致来达到利益的一致。

2. 一个优秀的业务员，就是要能敏感地捕捉到客户话里的弹性与余地，然后才能再找到更佳的突破口。

3. 对做生意来讲，无所谓季节，无所谓景气不景气，不论何种情况，只要你用了心，就能把钱赚到手。

4. 世界上最难的就是认真。认真是做成一件事的基础。

5. 不需要售后服务的产品才是真正的好产品。

6. 今天的成绩已成为过去，当你满足的时候，就是失败的开始。

7. 不能坚持原则的人，一定是有私心的。我没有一点私心，所以我能坚持原则。

8. 可以在台上拿一百万，但绝对不允许在台下拿一分钱。

9. 眼前不赚钱的，并不代表永远没有钱赚。没有淡季的市场，只有淡季的思想。

10. 推销和营销不同，推销是交易，而营销则是培育市场。

11. 一个好的营销队伍必须是一个诚信的队伍，你只有讲诚信，你才能赢得别人对你的尊重，也只有这样，才能赢得别人对你的信赖，才可能得到别人的支持。

12. 如果有人认为我们在营销方面有什么秘诀的话，那么最大的秘诀就是不玩花样，厂商平等合作，把靠市场创造效益作为一致的目标，并以此作为基本的游戏规则。

13. 我们都在寻找共同的游戏规则，期待“正和博弈”——不是你吃掉我，也不是我吃掉你。棋行天下，并非统一天下，而是和所有人一起走下去。

14. 不能单纯地以营销谈营销，为销售而销售。一个企业，一种品牌，他们的内在联系到底是什么，还有思维方式、经营理念、价值取向都是整体构成这个企业最终市场的依据。所以说，我们的营销工作，有时会忽视一些眼前的利益，因为我们注重的是长远利益。

15. 在格力电器只奉行两个字“简单”。目标“简单”——好空调，格力造，“打造百年企业，创立国际品牌”；管理“简单”——机构扁平化；“宣传简单”——不搞炒作，频繁出现在消费者眼前的只有六个字“好空调，格力造”；营销“简单”——厂商分工；服务“简单”——质量好，八年不维修。

16. 我在格力创造的是一种奉献精神，一种工业精神，要务实，不能有投机心理，所有行为都必须对未来负责任，这表现在每个员工的每个行为中。有了这种精神，我们会努力打造一个好的产品，企业内部的管理会更加严谨，这样的团队可以克服各种困难。

17. 管理是效益，如果要做一个百年企业，它要有一个完整的体系，这个体系不是墙上挂的制度，而是真正的人的文化，这个企业文化就必须要求我们把员工素质全面提升。

18. 只有敢抓自己错误的人才能成为伟大的人；只有敢于揭自己伤疤的企业，才有可能成为伟大的企业。

19. 质量是诚信的根本。我们要在保证质量的基础上，化解价格问题。格力电器要在材料供应、生产、管理、技术和销售、服务的每一个环节上促成良性的诚信循环，这样才能使市场和消费者对格力有信心，使“百年企业”的梦想不会落空。

20. 在制造业中，如果商业精神占据了主导地位，就会更富于投机性、更短视和产生更多的不正当竞争。这种状况会使企业的生存发展远离“工业精神”，使得工业家们也像商人一样行事，其结果必然是工业行为的短期化和商业化。

21. 工作就是工作，生活就是生活，工作中没有柔情，就像打仗一样，在战场上能用柔情来解决问题吗？必须用严格的制度和纪律来完成。

22. 越是单纯的东西，越是需要付出百倍的努力去捍卫它，把一种单纯的信念贯穿于生活之中，往往需要付出并不简单的代价。

23. 生活就是这样，总会有乌云遮眼的时候，但也总会有云开雾散的一天。只要你坚持按自己的理想走下去，就一定会有成功的一天。

序言：一个简单而又充满魅力的女人

写这本书之前，无论是对董明珠还是格力，我都不是特别熟悉。虽然以前也听说过很多有关董明珠的故事，但都是道听途说。虽然说者眉飞色舞，激情澎拜，我却也只能听个大概，这个女人无法在自己的心中有一个清晰的印象。

机缘巧合，一位朋友让我帮他写一本关于董明珠的书，自然是毫不犹豫就答应下来了。

不料，真正对董明珠有所了解，才发现想写一本关于她的书并不容易。这主要是因为董明珠的商海经历太多、太传奇，可以说，董明珠踏入商海十几年，随便拿出一点点发生在她身上的小故事，就是一段可以让人回味无穷的传奇经历。

原本是想用故事的形式写一下董明珠的经历，可随着资料搜集的越来越多，我发现，仅仅写一本董明珠的故事体传记已经没有了意义。因为只要在网上一搜索，就可以发现无数关于董明珠的传奇经历。这给我出了一个难题，站在对读者负责的角度，我没有必要再对董明珠的故事重复一遍。只要需要，谁都可以在网上找到自己想知道的内容。

那么，又该如何去写呢？我想，既然大家都对董明珠感兴趣，显然不仅仅是对她的故事感兴趣。也许，还有很多读者希望能从她的成功经历中悟出一点成功的经验。想到这儿，我的写作思路也就定下来了，那就是不流于表象，要通过董明珠的经历挖掘出她为什么能够成功的原因。这样一来，读者不但可以通过本书了解董明珠的各种经历，而且可以从这些经历中学到董明珠成功的经验。

所以，本书在写作过程中，把董明珠的成功经验提取凝练，然后用浅显易懂的语言做标题，以便读者更容易把握其中的精华。

虽然通过对资料的搜集，已经被董明珠这个人深深地打动了，但在写作的过程中，我还是一次次地被她所感动。董明珠单纯的信念和倔犟的、坚守原则的工作态度，无数次让我激动不已。

董明珠很简单，简单到只要跟她合作，经销商完全不用挖空心思去考虑双方的利益博弈，因为她总是把你的利益和她的利益均衡考虑，任何一方的利益受损失，她都会拒绝合作；

董明珠很倔犟，只要她认为对的，没有人可以说服她，即使成为众矢之的，她也不会退让半步；

董明珠坚守原则，为了原则，她可以和哥哥反目成仇，可以弃自己的职位不顾而和公司领导对抗，甚至不惜在媒体面前大谈公司领导的得失；

董明珠很霸道，霸道得无论和谁谈生意，都时刻把主动权掌握在自己手里，为此，她不惜开除公司最大的经销商，甚至和国美“叫板”；

董明珠很漂亮，漂亮的她从不穿职业装，高贵典雅的形象使她在获得“女强人”的称号外，还获得了诸如“铿锵玫瑰”、“满脑子绝招的美丽女人”、“营销凤凰”等荣誉称号；

董明珠还有一颗母亲的慈爱之心，工作上无论受到多大的困难和打击，她都一如既往地表现出女强人的风范，可只要一谈起儿子，她锐利的眼睛就会笼上一层母性的光辉；

……

董明珠身上的每一个特点，都是一道靓丽的风景，散发出其独特的魅力。

可是，董明珠的成功仅仅是因为她身上表现出的这些个性吗？显然不是，个性的背后，是她对人性的关怀，对社会的关注，还有她提出的

“大工业精神”。

董明珠的成功，在于她对信仰的坚持，对梦想的追求，在于她那追求“立功”的人生目标。

一个拥有高尚信仰的女人，在浮躁的社会里，坚定不移地实践着自己的信念，可敬、可佩，更值得我们去学习。

目录

第一章

董姐走过的路不长草

1 从业务员到总裁

20世纪90年代初，计划经济越来越不适应改革开放以来社会经济的发展，市场经济虽初露端倪，但仍还没得到国家的大力支持。以后的几年，中国的市场经济将出现翻天覆地的变化，然而就在1990年这一年，一切都只是在酝酿之中。

这一年，36岁的董明珠辞掉了在南京的工作，像大多数人一样，来到深圳闯荡。这时候的董明珠，对自己的将来并没有一个明确的想法。她只是希望有一个宁静的工作环境，不求大富大贵，只要能安安稳稳地享受生活就可以了。

一个偶然的机会，董明珠去珠海，立即被珠海的宁静吸引住了，于是就应聘到了海利空调器厂（格力空调的前身），她成了一名最基层的业务员。

这时的营销工作对她来说完全是一个陌生的职业。她既不了解商人，也不了解市场，一切都要靠自己摸索。

当时，中国的经济体制正处于由计划经济向市场经济的转轨中，不知道有多少种新的行业像营销行业一样在阵痛中应运而生，对于许多人来讲，这既是一种机会，又是一种挑战。一双鞋子，穿过了才知合不合自己的脚；一项新的工作，也只有努力尝试过了，才知道适合不适合自己。

所以，好强的董明珠心想：既然已经进来了，有这个机会，为何不挑战一下自己呢？

没想到，这一脚踏进来，董明珠就和格力电器牢牢地拴在了一起，她从此再也没有离开过格力。

当时的海利，是一家投产不久、年生产能力约2万台的国营空调器厂。规模不大，牌子也叫得不响，而且，当时海利搞的是组装，年销售额只有2000万~3000万元，20多个业务员。也就是说，每人每年应完成100万元的销售任务。厂里规定，业务员卖100万元提成2万元，工资、差旅费、请客送礼等费用全包含在内。

厂里考虑到董明珠对业务不熟悉，就让她先跟一个老业务员跑一段时间，熟悉业务，跑北京兼东北市场。因为老业务员和他的老搭档去了天津，海利安排她一个人坐火车赶过去。

正是7月份，坐在火车里就像坐在蒸笼里，又闷又热。腼腆的董明珠不好意思在火车上吃东西，她觉得一个女人在火车上吃东西不雅观，就在火车上饿了一天。刚下火车，她就觉得不对劲，头脑昏昏沉沉，眼冒金星，直淌虚汗。老业务员和他的搭档已经在火车站接她了，看见她的样子，估计是中暑了，忙找了一家有空调的旅馆，住了下来。

站在柜台前填旅客登记表的时候，董明珠的汗不断流出来，她感觉自己的两只脚像踩在棉花上，虚软无力，手也发抖，笔都拿不住了，她说："我不行了，请帮我填一下。"

董明珠想先到沙发上坐一下，她摇摇晃晃地朝沙发走去，没走几步，就感到眼前发黑，倒在了地上。老业务员忙和搭档跑过来，忙活好一阵才把董明珠叫醒。不过，董明珠眼睛是张开了，却虚弱得说不出话来。

董明珠被扶到旅馆房间，一沾床就睡了过去，直到第二天才醒过来。第二天早上，她躺在床上，感到昨天被摔的地方还隐隐作痛，用手一摸，火辣辣地，疼痛钻心。下床试了一下，还能走路，就是一拐一拐的。每走一步，被摔的地方就传来一阵疼痛。

老业务员看她这个样子，估计伤得不轻，就让她在旅馆休息两天，随后再去找他们。董明珠摇摇头，坚持和他们一起行动。她不是一个轻易认输的人，而且，刚开始跑业务，碰到这点小伤就叫苦叫累，以后还怎么做？于是，董明珠就一拐一拐地和他们一起去了北京。

当时，北京有个大制冷展示厅，专门展卖空调，他们在那里待了两天。

董明珠是个有心人，她一边听老业务员和展厅经理大侃生意经，一边细心观察。这里的品牌不少，国内国外都有。老业务员一再要经理多签一点，经理很神气，有点拿腔拿调地说："你们海利一般般，但是没有问题，放在我们的展示厅里，准能给你们卖出去，搁这里代销吧。"

在一个卖方市场的时代，经理如此说，也不算夸张。

第三天，董明珠跟随老业务员到了沈阳。她的坐骨神经还是疼得厉害，老业务员的一个同学的母亲在沈阳一家医院当医生，就带她到了这家医院。

一拍片，众人都大吃一惊，竟然骨裂了！董明珠没想到摔得这么厉害，后来她才听老业务员说，她当时是猛地坐在了地上，只不过大家都没想到会摔得这么严重。

医生说这地方没法打绑带，只能卧床休息。可这个时候正是推销空调的旺季，董明珠躺不住。怎么办呢？只好每天多睡一点，坐火车就坐卧铺，这时也顾不得花钱多了。

初次出差，董明珠就品尝了营销工作的艰辛。要不是她骨子里有一股不服输的精神，她早就垮了。正是这种好强而又不服输的精神支持着她，她才能够在短短的半年里，从什么都不懂成为一个对产品和市场都非常熟悉的业务员。

跟着老业务员的半年里，她不但做成了300多万元的生意，还熟悉了安装空调的房间面积、所处位置、窗口大小，应如何配置多大功率、什么型号的空调，还有空调使用和维护等方面的有关知识；更重要的是，她懂得了要怎样对付不同区域、不同性格、不同品行的经销商。营销对她来说，已经不是一个陌生的概念，而是实实在在、具体的东西了。

就在董明珠跟着老业务员学习得不亦乐乎的时候，总部突然有了新的安排，安徽市场有变，派她去接收安徽市场。

要一个人战斗了，董明珠既高兴又紧张。这是一次机遇，也是一次挑战，成功也好，失败也罢，均须她一个人来承担。可是，她能够挑起这个重担来吗？要知道，安徽是当时全国较为贫穷的省份，在空调还被视为奢侈品的20世纪90年代，如何去开拓这个市场？

董明珠对安徽市场的状况是茫然的，对自己能否成功也没有任何把握。不过，既然不可避免，那还是努力去面对吧。毛泽东说“人定胜天”，何况一个安徽市场。如果自己先在心里把自己打败了，又如何去打败别人？最重要的，还是自己要有信心。

董明珠给自己打足了气，决心拿下安徽市场。没想到，困难，远远大于预料。

到了安徽，董明珠第一件事就是追债。俗话说“欠钱的是大爷，要钱的是孙子”，何况，董明珠又恰恰碰到了一个无赖。能否把钱要回来，董明珠只有信心，没有经验。不过，她那耿直的性格告诉她：欠债还钱，天经地义，难道对方能把钱赖掉不成？

欠债方是一家电子公司，规模不算小，光临街的商铺就有200多平方米，装修得也很气派，几十个员工忙忙碌碌，来回穿梭，留给她的印象不错。

找到了老总，她把名片递了上去，先进行了自我介绍。没想到，没容她把话说完，对方就打断了她，很不客气地说：“我们是跟海利有业务来往，可我不认识你啊。”

董明珠解释她是刚接任过来的，原来的业务员已经调走了。

董明珠知道要债不能太急，她就先和对方聊起了海利空调在这边的销售情况，以及对方对海利产品有什么看法。等她觉得时机差不多了，就说：“由于我初来乍到，不熟悉前任业务员的业务情况，为了我们能有一个重新开始，先把我们双方在前一段时间里合作的情况，拼一下盘，对一下账，把前面的账结清，你看怎么样?”

对方老总听说要对账，露出非常吃惊的样子，他说：“对什么账？我代销人家的几百万、上千万的产品，压在库房里，也没谁敢说要对账，看你也是个新手，以前做过生意吗？我告诉你，做生意就是这么一回事，你给我一批货，卖完了我付给你钱，就这么简单，有什么账好对的?”

对方的无赖嘴脸，在此时显露得淋漓尽致。董明珠还是第一次碰到这种无赖，不知该如何应对了。

董明珠决定用“磨功”对付这种无赖。不给我钱，我就跟你耗，躲着我？我天天到你办公室，不信你永远不露面。

董明珠的倔犟是骨子里的。按理说，要债这件事情，是前任业务员留下的问题，不要也不关她的事。可她既然已经开始了，她就不准备放弃。这种坚持自己信念的性格，在她后来走上管理岗位之后，表现得更为明显。事实证明，也正是因为她的这种坚持，不但促成了她个人的事业成功，也导致了一个全新的格力空调的出现。

董明珠整整坚守了40多天，这40多天里，对方要么不到办公室，要么答应第二天退货，到了第二天却又找不到人了，什么无赖招数都使出来了，目的只有一个——不还钱，也不退货。有一天，他答应让董明珠把库房里的海利存货拉回去，当时天快黑了，双方便约定第二天到库房拉货。第二天一早，董明珠租了辆车赶到这家公司的时候，却发现大门紧锁，一个人没有。一问才知道国庆节放假三天，董明珠气得两眼发黑，要知道，国庆节虽然是国家例行节日，可对于商家来说，节假日正是大做生意的时间，怎么可能放假呢？明显是欺骗她呀。

董明珠站在这家公司门口，突然感到一种从来没有过的孤独。她到底在做什么？她为什么要这么做下去？她这么做值得吗？如果她能够把那些存货拉回公司，别人还能知道她是为公司作出了贡献，如果她失败了呢？又有谁能知道她这些天所受的委屈？这笔烂债本来就不是她的责任，她花几十天时间盯在这里要债，没法分身去推销产品，又有谁来为她分担在时间和金钱上所受的损失？

自怨自艾了一会，董明珠心情冷静下来。她想，既然国庆节三天没法追债，那就先到别的地方与别的客户打交道吧。

国庆节过后，董明珠继续天天去找对方老总。对方老总躲起来，躲得了初一，躲不了十五，终于有一天，董明珠把他堵住了。一见面，董明珠就先发制人，骂他不守信用。老总继续推托说："没有车，明天再说吧。"董明珠说自己已经雇好了车。老总看这一招不灵，又说手下人不同意退货，还需要时间做他们的思想工作。

这种无赖加流氓的话终于激怒了董明珠，她失声大叫："你是不是总经理?！你当面讲的给我退货，怎么又说话不算数了？从现在起，你走到哪里我跟到哪里！我不像你，绝对说话算话，不信咱走着瞧。"

董明珠坚决的表情吓倒了对方，他赶紧摆摆手说："行了行了，算你凶，明天退货给你。"

董明珠回到旅馆，度过了一个忐忑不安的晚上。她怕再一次被欺骗，毕竟这是一个完全不讲信用的人。这一夜她都没合眼。

次日一早，她洗把脸，雇了一辆五吨的东风车，直接开到了那家公司的门口。这一次对方没耍花招，她顺利进入了仓库。

这家公司有两个大仓库，里面又有隔间，董明珠一个一个仔细查找海利的产品，并亲自带领工人搬。能搬一台是一台了，即使累得不行也不能停下。这时也表现出了她的另一方面性格，那就是胆大。一些货明显不是海利的，也在她指挥下搬上了货车。她想，既然对方能把用旧了的报废货说成是没卖掉的新货，她为什么不可以这样干？最后，直到她觉得装上车的“退货”抵得上那42万元的货款时，才终于罢手。

货装上了车，董明珠还是不放心，打了这么多天的交道，她知道对方什么事都能做得出来。直到装完车、关好门、坐进驾驶室，车发动后，她才放心地舒了一口气。

董明珠从车窗探出头，她的眼睛里流下了泪水。她冲着对方大喊：“从今往后，再不和你做生意了！”

到珠海后，扣掉海利40万元货品后，剩下的货品又让经销商到珠海来拉走。董明珠说：“把多的货还给他，是我不想占他什么便宜，同时让他来珠海拉走，是对他不诚信的惩罚。”这漂亮的一仗，也让海利的管理层注意到了董明珠，董明珠称自己的做法令当时业界不少人刮目相看。

磨难能够使人迅速成长并成熟。有人说，人生的磨难来得越早越好，最好是在30岁之前，再晚了，人就容易在磨难面前屈服，永远爬不起来。可是，这一年，36岁的董明珠经历了她人生中最难的一段时间。也正是这段时间艰难的磨炼，使这个原本淡雅和气的女子，成为了以后的商界女强人。她像鹰一样，获得了重生。

鹰是世界上寿命最长的鸟类，它一生的年龄可达70岁。

要活那么长的寿命，它在40岁时必须做出困难却重要的决定。这时，它的喙变得又长又弯，几乎碰到胸脯；它的爪子开始老化，无法有效地捕捉猎物；它的羽毛长得又浓又厚，翅膀变得十分沉重，飞翔十分吃力。

此时的鹰只有两种选择：要么等死；要么经过一个十分痛苦的更新过

程——150 天漫长的蜕变。它必须很努力地飞到山顶，在悬崖上筑巢，并停留在那里，不得飞翔。

鹰首先用它的喙击打岩石，直到完全脱落，然后静静地等待新喙长出来。鹰再用新长出的喙把爪子上老化的趾甲一根一根拔掉，鲜血一滴滴洒落。当新的趾甲长出来后，鹰便用新的趾甲把身上的羽毛一根一根拔掉。

5 个月以后，新的羽毛长出来了，鹰重新开始飞翔，重新再度过 30 年的岁月！

过去的 35 年，对董明珠而言，是一种平静的生活，35 岁以后的岁月，对她而言，完全是另外一种人生。她像鹰一样在短短的时间里，完成了脱胎换骨的变化，走进和以前不同的人生。

追债事件之后，先款后货，绝不赊账，成了董明珠为自己设立的第一条商规。在她手中，再也没有出现过一笔应收款。后来这也成为格力电器在业内独树一帜的规矩。

当时，整个行业都采用先货后款的代销制。海利本就默默无闻，董明珠还要坚持先款后货，听到这个条件，经销商往往二话不说，就摆手送客。在一次次碰钉子之后，她总是鼓舞自己，总有讲诚信的经销商会接受自己的条件，然后依然满面微笑地敲开下一家家电商店的大门。

在安徽淮南一家电器商店，经理是个中年女人，胖胖的，相貌忠厚，却不乏商人的精明，她被董明珠的勤奋和诚恳感动，答应说："先进 20 万元的货试试，好销再多进，不好销就不要了。"

就这样，董明珠做成了第一笔先款后货的生意。拿着 20 万元的支票走出这家商店大门时，董明珠眼睛潮乎乎的，她决心一定不能辜负这位大姐的信任。这一次，她不像其他业务员签了合同就甩手不管了，而是一次次亲自登门，真心实意地站在她们的立场看市场想问题，然后像朋友似的出谋划策。

海利当时还是个小品牌，没钱做广告宣传，仅仅摆入商店就想畅销很难，久而久之商家也会失去信心。于是她灵机一动，动员经理发动员工，先把产品推荐给他们的亲戚朋友试用。

口碑是最好的宣传。1992 年夏天，这家商店 20 万元的海利空调销售一空，而且又进了一批货。接着董明珠用这家商店的例子对其他商店“现身说法”，一张张订单接踵而来。

海利在淮南卖了 240 万元，市场被打开了！经销商也纷纷赞扬董明珠的跟踪服务，说销售海利的产品最省心最舒心。同时，董明珠又在芜湖和铜陵打了两个漂亮仗，在合肥、安庆等城市也找到了可靠的经销商。仅仅 1992 年，董明珠在安徽的销售额就突破了 1600 万元，她一个人的销售量占了整个公司的 1/8。

从此，董明珠的大名便在公司里传扬开来。

在董明珠崭露头角的时候，格力电器最重要的缔造者、现任董事长朱江洪，一番辗转后，在 46 岁时终于站到了历史为他安排的位置上。他是地道的珠海人，生于 1945 年，25 岁时从华南工学院毕业，被分配到广西百色矿山机械厂，后来成为厂长。1988 年，朱江洪调回珠海，1991 年被任命为海利的厂长。

当时，海利是个十足的烂摊子，不仅企业规模小，产品销路不畅，而且产品存在严重质量问题。1991 年，一批刚安装的海利窗机竟然无法启动，一检查，原来是运输过程中空调的铜管都被震断了；还有许多客户投诉海利空调噪音特别大，他们说：晚上开着海利空调，就像飞机在头顶不停地盘旋。

朱江洪技术出身，很快让产品质量发生了脱胎换骨的改变。为了让产品在市场上有一个崭新的起点，1992 年，他和两个助手闭门翻了一整天辞典，想出了一个新的名字——格力。

事实上，董明珠在安徽的旗开得胜，也跟格力空调质量在这一年脱胎换骨的变化有关。

1992 年秋天，朱江洪看到安徽的销售额为 1600 万元，而富裕得多的江苏却只有 300 万元，于是亲赴华东考察。

朱江洪先到了安徽，很快发现董明珠是个“好苗子”——和大多数业务员不考虑公司利益、只拨自己的小算盘不同，董明珠不仅有责任心和义务感，更难得的是还很有思想和悟性。

在从合肥赶赴南京的车上，路短话长，董明珠详细向朱江洪介绍了自己的营销感悟。她说，真正好的营销政策，不仅是把货卖出去、把钱赚回来，还要在厂家和商家之间，形成稳固、诚信的合作关系，共同为社会和消费者创造价值；只有多赢，生意才能做长久，如果不懂得保障他人的利益，最后必然是自己的利益也会失去。

这一席话说到了朱江洪的心里。当时，朱江洪雄心勃勃想成就一番事业，随着产品质量的提高，营销短板变得越来越明显。从这时起，他便格外看重肯吃苦、愿卖力的董明珠，一次次给她机会，而董明珠则每次都用超过期望的业绩，回报这位厚道仁慈的领导的赏识。

不知不觉车到了南京，这里是六朝古都，繁华如旧。可格力在中国最富饶的市场上的遭遇让人非常难堪：新品牌“格力”已经启用了一个夏天，江苏市场上却依然摆着“海利”牌产品，在强势品牌春兰、华宝的市场攻势下，毫无还手之力。

朱江洪干脆把江苏市场也交到了董明珠手里，希望她能在这个最火爆的空调市场上为格力打开局面。1993 年，董明珠把格力在江苏的销售额翻了 10 倍，卖了 3650 万元。加上安徽市场，董明珠一个人销售额 5000 万元，占了整个公司的 1/6！

1994 年，格力在江苏销售额又增长到 1.6 亿元，与春兰、华宝并列三强，董明珠一个人占了总销售额的1/5。

就在格力电器蒸蒸日上，开始跻身国内一线品牌的时候，在附近一家刚成立的空调企业高薪诱惑下，格力电器的销售副总，带着8名销售人员和2名财务人员，突然集体辞职。

消息传来，朱江洪一时惊讶得说不出话来。他并没有刻意挽留，他知道，有能力的人固然难得，但只有那些在心智上相互理解、欣赏和支持，并能用责任心和使命感时刻抵御诱惑侵袭的人，才能成为相互扶助的事业伙伴。

一个人一辈子哪怕只能遇到一个这样的伙伴，也是莫大的幸运！

对朱江洪来说，这个人就是董明珠。

1994年10月，董明珠结束了3年的业务员生涯，回到珠海格力电器总部，出任经营部副部长。从此，一个企业甚至整个行业，都将因她而改变。

董明珠被重用，还有一个更显著的原因。格力电器是家国有控股的企业，关系网和利益网盘根错节，加之当时管理制度不到位，体制弊端日渐显现，随时都可能让众人数年打拼出来的大好局面丧失殆尽。

朱江洪对此心知肚明，可又无可奈何。他宽厚仁慈，是出了名的好心肠，当时作为经理，他“一不抓钱，二不抓人”，对这些事他不感兴趣，统统交给副总管，自己一心一意研制新产品开发。

于是，扭转管理积弊的重任，又寄托在了能干又“狠得下心”的董明珠身上。

出任主管营销工作的经营部长，是朱江洪对董明珠的许诺。但这项任命在公司高层遇到了强大的阻力，一些人只同意让董明珠当副部长。他们的如意算盘是，董明珠做业务员每年销售提成高达几百万，现在到总部满打满算只能挣几万元，再给她这么一个“小鞋”，她必然赌气不干。

可董明珠对这个“小官”不仅不抱怨，反而干得有滋有味。她工作玩命到每天只睡5小时，就是说梦话的时候，说的也全是格力。一有什么想法，她半夜也会跳起来，拿起本子记下来，甚至还给同事打电话一起讨论，许多被广为称道的营销绝招就是这么诞生的。

她不但严格要求自己，还要严格要求别人。在经营部里，迟到早退、喝茶看报吃零食聊天，都是多年的“传统”。董明珠一上来就抓内勤，把员工训得直掉眼泪。1994年年底，董明珠摔断了肋骨住进医院，同事们一起去医院看她，董明珠很感动。可出院的第一天，她依然不讲情面地对违反纪律者进行批评和罚款。

在董明珠上任时，账册上的应收款高达5000多万元，而且相当部分根本无法追回。比如济南一家企业明明欠账100多万元，可格力电器竟然拿不出任何有效凭证，而且还蹊跷到无法查出内部是谁的责任。

一张宣传单的市场价是0.2元，可格力电器付的价格是0.88元；公司花了450万元在机场租了一个广告牌，却是背朝着人流方向只能给神仙看……

对损公肥私的行为，董明珠看不下去，径自跑到朱江洪那里，张嘴就要求把全部对外财务都归自己管。下级向上级伸手要权本是大忌，但朱江洪当场表示同意。

一些人觉得董明珠太“多管闲事”，妨碍了自己的“财路”，联合起来企图轰董明珠下台。

每当这时候，朱江洪总是给董明珠最坚定的支持。不久，董明珠升任经营部长，上任后便大刀阔斧地清理欠账，全面推行先款后货的销售政策，于是格力电器再也没有出现过一分钱的应收款。

然而，这才是她与世俗势力斗争的开始。在格力电器总部的12年来，“眼里揉不进沙子”的董明珠只有不断进行博弈和斗争，她和不诚信的经销商斗，和公司里有来头的“母老虎”斗，和强硬的公司副总斗，甚至还要和自己的亲人斗。

1995年格力空调货源紧张，一个经销商找到董明珠的哥哥，想通过他的关系进3000多万元的货，答应给2%的提成。哥哥从南京千里迢迢赶到珠海，不料却被妹妹无情地拒之门外。之后，兄妹十多年没来往，家里人也指责她六亲不认。

正是一系列毫不妥协的斗争，为董明珠赢得了“走过的路都不长草”的“恶名”。

2001年，多年的积弊让格力电器呈现出严重的惰性，销售额连续几年徘徊不前，大量员工再也不能容忍上层领导的腐败和待遇分配不公，准备联合起来罢工抗议。

在关键的时刻，董明珠又是临危受命。这一年，她升任为总经理，上任后就迅速撤换了一批不合格的中高层干部。于是，一场“大决战”爆发了。那段时间，各上级部门接连不断地收到对朱江洪和董明珠的“举报”，表情凛然的调查组也不断在格力电器进进出出。最后，朱江洪和董明珠没被查出问题，格力电器一位高层干部却因贪污被送进了监狱。

这场“刮骨疗毒”让格力电器摆脱了停滞不前，企业管理也彻底走向了规范。从2001年开始，格力电器销售额从70亿元、100亿元、138亿元、182亿元，一直到2005年的230亿元。这一年，格力电器以1200万台的销量超越了韩国品牌LG，成为空调行业的世界冠军。

自从董明珠出任总经理后，她和董事长朱江洪，创造了中国商界独一无二的奇迹。

这些年，低调的朱江洪甘于寂寞，一身臭汗，一手油污，像老黄牛一样没日没夜地泡在车间造“好空调”，使格力电器技术水平不仅在国内首屈一指，而且多次打破日美企业对核心技术的垄断，与国际同行相比也毫不逊色；而董明珠一手行李，一手手机，像西部牛仔一样走南闯北，脚不沾地，为了营销多次累倒，住进医院。

他们两人都是这家国有控股企业的经营者，并非老板。正是因为他们共同的使命感和责任感，在我国数百家空调企业纷纷难逃昙花一现的命运时，缺乏体制优势的格力电器，却顽强地成了世界第一。

2006 年 8 月，格力电器以优惠的价格向经销商定向增发了相当于总股本 15% 的股票，用资本的纽带，把经销商和格力电器的利益更加紧密地捆绑在一起。也就在这一年，董明珠被评为 2006 年 CCTV 中国经济年度人物。

在颁奖现场，谈到女人当家的诀窍时，董明珠说："我觉得八个字，女性要自信，要执著，要坚强，要有奉献的精神，作为我来讲，我觉得女性首先不能用性别来作为依赖别人的借口；第二，我觉得我们要执著，我的今天不在于你个人是否富有，而在于你能否给中国社会带来价值，我希望我一生所追求的目标，就是使格力成为世界级的名牌产品，成为我们中国人的骄傲，所以我应该有一种奉献的精神，只有这种奉献的精神，才可能实现这个目标。"

看来如何做人还是最重要的问题，工作技巧人人都能学习，如何做人却是一个内修的过程。如果董明珠做人不成功，她又如何能够从业务员到总裁？也许，正是因为有了她对工作的执著和对企业的奉献精神，才有了今天的格力，才赢得人们对她的敬佩和尊敬。

2 我永远是对的

“我从来就没有失误过，我从不认错，我永远是对的。”

这句话看起来如此霸道和固执，不过，不要以为这是谁在发脾气后说出的气话，因为，这是董明珠面对记者的采访时的直白。

在一个尊崇谦卑的国度，一个企业领导如此高调地评价自己，并不多见。可是，因为这个人是董明珠，也就没人敢去怀疑这句话。最起码，到目前为止，董明珠从业务员到总裁，所做过的一切决策，都还没出现过失误。也正是因为如此，董明珠说这句话，不但没有受到人们的嘲讽，反而赢得人们的尊敬。

董明珠说话声音洪亮，频率很高，语气中有不容置疑的自信，同时还让对手找不到可以胡搅蛮缠的漏洞，这就是她招牌的讲话风格。她形容自己要么不说，要说就非得说赢，逼得人家认错服输，这种说不清是娘胎里带来的还是后天历练成的强悍性格，让她自中学起就得了个“常有理”的外号。

对于外人的评价，董明珠总是一笑而过。她有自己的原则：自己的决策，自己肯定认为是对的。

董明珠的这个原则，看起来有点胡搅蛮缠，但却有一定的道理。作为一个企业领导，如果自己的决策自己都不认同，又如何能够有效地执行？

正因如此，董明珠在管理上甚至有些自以为是：“只要你走进格力公司，就必须按照我的思维去工作。”她说得硬梆梆，“谁违背原则，谁就是我的敌人。”

这句话也不是一般的企业领导敢明目张胆地说出来的，但是董明珠就敢说。一般人说这种话，可能会给人一手遮天的感觉。董明珠敢如此说，自然有她的道理，最起码，只有问心无愧的人才敢这么说。

让一个人让对方屈服很容易，权势、金钱……每一种方法都可以让对方屈服。但要让一个人从心底佩服你，纯粹靠权势或者金钱的诱惑就已经不可能了。以德服人，才能够真正地让对方心服。而要做到以德服人，就必须让对方对你的做事风格敬佩。

董明珠敢如此说，恰恰因为她问心无愧。这不仅因为在格力的十几年来，她几乎所有的决策都是正确的，还因为她的每一项决策，都是站在公司利益的立场上，为了公司的发展做出的。做决策的时候，她从来不考虑自己的利益。

对手们这样形容她的厉害：“董姐走过的路，都长不出草来。”此话事出有因：从1996年开始，董明珠带领23名营销业务员迎战国内某厂家近千人的营销队伍，夺得全国销量第一，而且没有一分钱的应收账款，其营销绝招至今还让人津津乐道，令对手口服心服，以至于有人自费坐飞机到格力，非要看看“董明珠究竟是个什么样的女人”。

2004年，国美未经格力允许，擅自将其空调降价销售，董明珠一怒之下断绝与国美的合作。一时舆论哗然。专家学者纷纷对此事发表自己的看法，均认为格力撤销和国美的合作，无异于自掘坟墓，太意气用事。有专家预测，站在企业长远发展的角度，特别是从企业首先必须获得利润这一角度看，格力终究还需和国美合作，否则会丧失掉很大的市场份额。

对此种种论断，董明珠不屑一顾。相反，她更抛出惊人的看法：和国美、苏宁这样的大型零售连锁店合作，对很多制造企业来说只会死得更快。

此言一出，更是石破天惊，舆论一片哗然。董明珠仍然对别人的议论视若无睹，“我永远是对的”，这是她的信条，她坚信自己的这次决策仍然是正确的。

两年之后，事实再次证明，董明珠的决策是正确的。撤出与国美的合作，格力的销售额不但没有下降，反而一路飙升，一直处于国内空调行业的龙头地位。

虽然还有专家从逻辑上推断自己的理论是正确的，格力终究还要走上和国美合作的道路，但理论终究无法改变现实。在事实面前，再雄辩的理论也显得微不足道。

不要以为董明珠的决策是在意气用事，作为一个企业领导者，她是非常清醒的。如她所说，如果作为一个领导者，在作出一个决定之前，不能全盘考虑尽量缩小风险和错误的可能性，那就是不负责任的。一个决定上的失误，对个人来说可能没什么，但对企业来说，就可能酿成无法补救的后果。

可见，董明珠的自信背后有着负责任的态度在支撑。她对自己决策的坚持，并非倔犟或者固执，而是一种理性思考后的自信。

“我永远是对的”，包含着董明珠第一次就要把事情做对的管理理念。

“第一次做对”，这几乎是每个企业对员工最基本的要求。但在工作中，有时即使是最简单的工作，还是有人一错再错。某广告公司的员工就犯过这样的一个错误，在为客户制作的宣传广告中，将客户的联系电话中的一个数字弄错了。当他们把制作的宣传单交给客户时，客户由于时间紧，第二天就要在产品新闻发布会上使用它，因此没有详细审核就接收了。直到新闻发布会结束后，在整理剩下的宣传单时，才发现关键的联系电话有错误，而这样的宣传单已发放了5000多份。

客户一怒之下，要求广告公司巨额赔偿。由于错在己方，而且客户召开新闻发布会的费用的确巨大。无奈之下，广告公司只好按照客户的要求进行了赔偿。但事情并没有就此结束，这件事情传开后，广告公司便在客户中失去了信誉，渐渐没有生意可做了，因为没有人再敢把自己的业务交给他们去做，害怕再出差错给自己造成麻烦和损失。

一次小小的失误，就把一家本来极有前途的广告公司打垮了。我们不妨设想一下，假如广告公司的员工在工作中能细心点儿，能一次就把事情做对，那么，这样的现象是完全可以避免的。

也许有人会说："第一次没做对不要紧的嘛，我可以做第二次，做第三次。"是的，第一次没做对时可以重新做第二次，甚至是第三次，但是这样做既浪费时间又会浪费精力，假如没有及时发现错误，就会像上文中的广告公司那样，给自己和他人都造成了损失。

由此可见，不仅仅是员工应树立"第一次做对"的观念，企业的经营者同样也应重视这个观念，无论是在做一件普通的工作，还是像经营一个企业这样的大事，都要抱着"第一次就把事情做对"的态度，唯有如此，才能尽量避免错误发生，才能尽量减少经济损失。

倔犟的董明珠肯定没有意识到，她在说"我永远是对的"的时候，已经达到了"第一次就要把事情做对"的境界。对于普通员工来说，达到这种要求可能看不出对企业的影响力，但作为一个企业的领导，每一个战略决策都决定着企业的发展方向和生死存亡，董明珠的这种"第一次就把事情做对"的影响力也就显露出来了。

有的员工认为"第一次就要把事情做对"这个要求过于苛刻，有点不近情理。"人非圣贤，孰能无过?"既然我们都是凡人，怎么可能不犯错误?

但是，在很多成功的企业里，"第一次就把事情做对"不仅是可能的，而且是必须的。比如在麦当劳，炸鸡腿、鸡翅的时间是用秒来控制的。少一秒，鸡肉没熟透，多一秒，鸡肉会显老。也就是说，无论多一秒还是少一秒，都会影响鸡肉的口感。因此，每个麦当劳员工都必须一次做对，因为顾客还在服务台前等着呢。福特公司也如此要求员工。在整条流水生产线上，每一个零配件生产出来之后，马上就被送去组装，因为没有库存，任何一个环节出了问题，都会导致全线停产，所以必须第一次就把事情做对，没有任何回旋或找借口的余地。

第一次就要把事情做对，反映的是“变化之前的变化，视野背后的视野”，只有当一个人从全局角度进行战略思考时，他才有可能做出正确的决策。如果只是局限于局部的或者暂时的利益，很可能到最后才能发现自己开始的决策是错误的，一切都需要重新决策。

有这样一个故事，充分说明了“战略思考，掌握主动”的重要性。

上帝把两群羊放在草原上，一群在南，一群在北。上帝还给羊群找了两种天敌，一种是狮子，一种是狼。

上帝对羊群说：“如果你们要狼，就给一只，任它随意咬你们。如果你们要狮子，就给两头，你们可以在两头狮子中任选一头，还可以随时更换。”南边那群羊想，狮子比狼凶猛得多，还是要狼吧。于是，它们就要了一只狼。北边那群羊想，狮子虽然比狼凶猛得多，但我们有选择权，还是要狮子吧。于是，它们就要了两头狮子。

那只狼进了南边的羊群后，就开始吃羊。狼身体小，食量也小，一只羊够它吃几天了。这样羊群几天才被追杀一次。北边那群羊挑选了一头狮子，另一头则留在上帝那里。这头狮子进入羊群后，也开始吃羊。狮子不但比狼凶猛，而且食量惊人，每天都要吃一只羊。这样羊群就天天都要被追杀，惊恐万状。羊群赶紧请上帝换一头狮子。不料，上帝保管的那头狮子一直没有吃东西，正饥饿难耐，它扑进羊群，比前面那头狮子咬得更疯狂。羊群一天到晚只是逃命，连草都快吃不成了。

南边的羊群庆幸自己选对了天敌，又嘲笑北边的羊群没有眼光。北边的羊群非常后悔，向上帝大倒苦水，要求更换天敌，改要一只狼。上帝说："天敌一旦确定，就不能更改，必须世代相随，你们唯一的权利是在两头狮子中选择。"

北边的羊群只好把两头狮子不断更换。可两头狮子同样凶残，换哪一头都比南边的羊群悲惨得多，它们索性不换了，让一头狮子吃得膘肥体壮，另一头狮子则饿得精瘦。眼看那头瘦狮子快要饿死了，羊群才请上帝换一头。

这头瘦狮子经过长时间的饥饿折磨后，慢慢悟出了一个道理：自己虽然凶猛异常，一百只羊都不是对手，可是自己的命运是操纵在羊群手里的。羊群随时可以把自己送回上帝那里，让自己饱受饥饿的煎熬，甚至有可能饿死。想通这个道理后，瘦狮子就对羊群特别客气，只吃死羊和病羊，凡是健康的羊它都不吃了。羊群喜出望外，有几只小羊提议干脆固定要瘦狮子，不要那头肥狮子了。一只老公羊提醒说："瘦狮子是怕我们送它回上帝那里挨饿，才对我们这么好。万一肥狮子饿死了，我们没有了选择的余地，瘦狮子很快就会恢复凶残的本性。"羊群觉得老羊说得有理，为了不让另一头狮子饿死，它们赶紧把它换回来。

原先膘肥体壮的那头狮子，已经饿得只剩下皮包骨头了，并且也懂得了自己的命运是操纵在羊群手里的道理。为了能在草原上待久一点，它竟百般讨好起羊群来。而那头被送交给上帝的狮子，则难过得流下了眼泪。

北边的羊群在经历了重重磨难后，终于过上了自由自在的生活。南边的那群羊的处境却越来越悲惨了，那只狼因为没有竞争对手，羊群又无法更换它，它就胡作非为，每天都要咬死几十只羊，这只狼早已不吃羊肉了，它只喝羊心里的血。它还不准羊叫，哪只叫就立刻咬死哪只。南边的羊群只能在心中哀叹："早知道这样，还不如要两头狮子。"

从这个故事中我们可以悟出一点道理：北边的羊群之所以能够在最后过上自由自在的生活，是因为在一开始的时候，它们就掌握了主动权——狮子虽然凶猛，但我们有选择权。这是北边羊群的聪明之处，反正面对的都是凶恶的敌人，拥有选择权总比总是处于被动位置好。虽然开始的一段时间它们没有处理好和两头狮子之间的关系，但由于它们有了主动权，所以它们还可以及时改正。

南边的羊群则不然，选择一只狼之后，它们就再没有任何的选择权了，主动权完全控制在狼的手里，虽然狼比不上狮子凶狠，但它们由于没有退路，也只能任由狼随意宰割。

仔细分析，格力和国美之间的分歧，是不是和这个故事有点类似？当格力面对国美这个零售巨头的挑战时，它为什么敢于强硬地和国美叫板？因为主动权在格力的手里，离开了国美，它照样可以利用自己的销售渠道取得良好的市场份额，它有选择的权利。而众多的空调厂家之所以明明知道它们在被大卖场剥削，却仍然不得不和大卖场合作，就是因为它们没有选择的权利，主动权不在它们的手里。

确切地说，时刻掌握主动权，这是董明珠的做事风格，正是因为她做任何事都能够掌握主动权，所以她能够做到“我永远是对的”。当事情都在朝着自己的预定思路发展的时候，我们又怎么不可能永远是对的？

当然，对自己为什么总是能够掌握主动权，董明珠有自己的看法。她说：当一个人的决策是站在大家的利益上考虑问题，而不是为自己谋取私利时，他就自然而然地占据了主动权。

也许，这也是董明珠能够掌握主动权的原因之一吧。

3 坚定的信仰

越是单纯的东西，越是需要一个人付出百倍的努力去捍卫它，把一种单纯的信念贯穿于生活中往往需要付出并不简单的代价。

在外人看来，笼罩着无数灿烂光环的董明珠颇为神秘莫测，充满传奇色彩。其实，董明珠是个非常单纯而又纯粹的人。工作上，董明珠信奉一个观念：公平竞争，合作共赢。生活中，董明珠更是简单得不能再简单。确切地说，生活中除了儿子是她唯一的牵挂，她已经没有其他的个人生活了。

2004年闹得最沸沸扬扬的“国美清场”案招致一片喧哗，当时正在开全国人代会的董明珠成了大家议论的焦点，而她只是用一句轻轻松松的诗一样的语言就消除了所有的好奇与追问：“格力和国美从来没有什么开始，也没有什么结束。”

董明珠处事的简练风格可见一斑。所有和董明珠打过交道的经销商都认识到一点：在董明珠面前，不要玩阴谋诡计，也不要耍小聪明，只有抱着真诚合作的态度，才可能得到董明珠的合作。

这其实是一个很有意思的现象。中国是一个盛行潜规则的国家，各行各业都有外人难以理解的潜规则。而之所以在合作的过程中会出现各种各样的问题，恰恰是因为这些潜规则在作怪。我们常说一个巴掌拍不响，潜规则之所以能够盛行，无非是因为大家都不按规矩做事，都想通过潜规则为自己谋到一些好处。

当一个人抱着圆滑的心态去和对方谈判的时候，对方一旦觉察到你的不透明，自然也就不会用开诚布公的心态和你谈判，于是，随着合作的时间越来越长，各种问题就会接踵而至。

只是，所有的潜规则在董明珠面前无不变得孤掌难鸣，原因很简单，董明珠拒绝潜规则。只要对企业有利，双方都能够赢利，董明珠就会跟你合作。否则，即使你再圆滑、再奸诈，董明珠不“配合”你，你也只能无能为力。

董明珠的简单与纯粹，造就了格力，也造就了她个人的辉煌。德鲁克说，每当你看见一个成功的企业，必定是有人作出过勇敢的决策。这句话用在董明珠身上，真是再贴切不过。

有一位经销商找到董明珠的哥哥，让他帮忙找董明珠提货，董明珠不但把哥哥拒之门外，还停止了和这位经销商的合作。想玩潜规则的这位经销商，在董明珠面前碰了一鼻子灰。

国有企业一直都受到很多人的质疑，认为其人际关系复杂，弊端丛生。在董明珠看来，体制并没有问题，问题最终还是出在人身上。格力也是一家国有企业，如果她也为了自己的私利帮家人做生意，那最起码是对别人的不公平吧？一旦你对所有的经营者、合作伙伴的公平性出现了偏差，你的诚信就会在其他99%的人心里产生危机，这样一来，虽然个人得到了好处，企业的发展却受到了影响。

曾经有一位经销商拿着600万现金找到董明珠，请她给点优惠，当场被董明珠拒绝了。她的理由很简单：今天你拿着600万的现金来提货，如果我给了你好处。那么明天再有人提着1000万现金来提货，我就要给他更大的好处。如此一来，对你又显得不公平了。

这番话不但让经销商心服口服，还让他认识到，和董明珠合作，绝对令人放心。

在董明珠开始负责公司的广告业务之后，她同样进行了一次对潜规则的挑战。在她负责广告部门之前，公司每年的广告费用支出不但庞大，而且还出现了财务混乱，广告效果不好的现象。究其原因，无非是广告行业盛行的各种潜规则，导致了某些人为了个人利益，而牺牲了公司利益的缘故。

鉴于此，董明珠再和广告商谈判的时候，坚决拒绝回扣等现象出现。那些所有希望通过回扣手段取得项目的广告商，无一不被董明珠拒之门外。就像当初董明珠相信自己总能找到规规矩矩的经销商一样，她相信自己也能够找到和她一样按原则办事的广告商。

功夫不负有心人，1996 年，她还真的找到了这样的一家广告公司。这是北京的一家广告公司，老板很年轻，也很有个性，就是有话说在明处，这一点无疑很对董明珠的胃口。每次谈判，他都会讲清楚，这次我要赚你格力电器几个百分点，除去各种费用，一共赚你几万块钱。为什么要赚你的钱？我的职工要吃饭，公司要有利润。

能够碰到这样的广告公司，董明珠无疑找到了知音的感觉。她向对方保证："在你合理的服务费里面，不要考虑什么额外的回扣。所谓的羊毛出在羊身上这句话，不要在我们格力使用这个方法，我们没有这个习惯。只要你处处为我们企业着想，用最少的钱做出最好的广告效果，我们一定保证你们合理的利润，格力电器广告款一定及时到位。"

因为这种简单和纯粹，双方合作的非常完美。

2004 年，原格力集团总裁兼格力电器董事长苏结宏被检察机关带走，他是继格力集团凌达压缩机厂原总经理高国萍、格力集团副总裁梁建华、格力集团房产有限公司总经理梁华应之后，又一位"出事"的集团高管。

所有的原因都集中到一点：财务黑洞大走光。

而财务黑洞大走光则缘于 2004 年年初启动的工业、商贸、房地产三大板块的重组车轮。

“这是有人在这里混淆，想把格力电器拉进去。”说到苏结宏，原本平静的董明珠言辞激烈。“严格地说，苏结宏只是个挂名董事长，因为格力集团是出资人，是大股东，它要派董事长过来。但是，他这个董事长根本就不管事，他也管不到这里来，只是挂个名而已。如果集团与我们有关联交易的话，格力电器绝不会有现在的成功。”

“集团出现这些问题，是集团腐败问题，一个团体腐败问题。这是因为没有严格的管理。集团的问题与格力电器的问题是截然分开的，不能混为一谈。由于都使用‘格力’，容易使社会公众产生误解。我们是两个独立的经营体，虽然它是大股东，但不受它指挥，我只受董事会指挥。”

如此高调评价集团原高层领导，坚定地表明自己的立场，不但表现出了董明珠凛然的正气，也可见她做人的纯粹。

一个没有坚定信仰的人，做事就会缺少原则。董明珠能够十几年如一日地坚守自己的原则，就是因为她有一个单纯的信念，坚定的信仰。在格力风风雨雨十几年，她一直坚持诚信做人，原则做事。就是这两条看似简简单单的标准，使她成就了格力的强大，也使格力成就了她的辉煌。

一个坚守自己的信念和原则的人，往往会被别人看做“怪人”，但这种“怪人”，却也往往能达到别人所达不到的高度。

星巴克的创始人霍华德·舒尔茨就是这样的一个怪人。

星巴克从1985年以40万美元种子资金起步；1992年6月经过四轮私募后登陆纳斯达克，融资2900万美元；从此年均销售额增长20%、利润增长30%以上，股价上涨超过30倍，原始投资获利数百倍……

按照流行的观点，如此业绩只能属于神秘而幸运的高科技企业。它们可以凭借专利技术的“核心竞争力”，在资本的呵护下享受持续赢利的扩张。然而，创造出这样业绩的星巴克不是什么高科技企业，只是全球最大的咖啡零售商、加工厂和著名品牌。与软件公司相比，咖啡店生意就像老掉牙的手工作坊。说得好听一点，是“伟大传统的继承者”。

与 IBM 那样的垂直整合企业不同，星巴克是“透明”的，没有保护自己的专利和秘方。

但是，星巴克成功了，成功背后有什么秘密？

舒尔茨就是成功的秘密。

在执掌星巴克的 20 年里，舒尔茨先后拒绝了若干人习以为常而又难以抵制的诱惑。他对某些“常识”说“不”，并反其道而行之，哪怕“绕远路”也在所不惜。他的做法现在被认为是“睿智”、“主流”，但当时并非如此。

“听从自己的心灵，即使遭人讥笑也无所顾忌。”舒尔茨是个有独特价值观和行为准则的“怪人”，他的主张是：“不要害怕与传统智慧抵牾。”

这个犹太人不怕摊薄自己的股票份额，宁可出售股票筹钱也不举债扩张；他不愿意在员工身上省钱，也很少打广告；有机会发“特许财”的时候不心动，跟他谈合作搞多元化经营十有八九会碰壁——除非你的企业和他的一样优秀。

“真正的成功者必定坚持原则”。善于说“不”的舒尔茨把咖啡店变成了影响全球的商业地产、文化阵地，多年的股市回报甚至超过了微软、IBM，他还想成为“世界上最知名、最受尊敬的品牌”。

比较一下，无论是做事风格还是追求的目标，董明珠和舒尔茨是不是有相似之处？他们都是能够坚守自己的原则，而且不容易被利益诱惑的人。而且，他们的目标也非常相似：让自己的产品成为世界上最知名、最受尊敬的品牌。

从某种意义上说，信念与信仰在本质上是一个词语，是主观上认定客观事物真实性的一种心理状态，尤其是与未发生或还不能客观验证的运动过程的一种心理吻合。契诃夫说，“信仰是精神的劳动，动物是没有信仰的，野蛮人和原始人有的只是恐怖和疑惑，只有高尚的组织体，才能有坚定的信仰”。这句话中“高尚的组织体”是最为核心的，信仰是人类的最高组织力，是高度智慧的结果。

如果用“高尚的组织体”来形容董明珠，并不为过。只有真正具有坚定信仰的人，才能够为之贡献自己的一切，包括青春、健康、生活、甚至生命。

生活中没有信仰的人犹如一个没有罗盘的水手，在浩瀚的大海里随波逐流。可以说哥伦布是凭着坚定的信念发现新大陆的，而不是航海图。但丁说“信念是人生的火焰”；安托尼库尔说“能够激发一个灵魂的高贵伟大只有虔诚”；克林顿说“我坚信我的经验和思想能使我的国家更美好”。这些话从各行各业应证了一个原则：坚信原则。虔诚就是坚信，是信仰的最高级别。最危险的情况下是坚信支撑着我们，在最困难的境遇面前是坚信支撑着我们，即使在最无望的时候，它仍然让我们充满希望，没有坚信就没有成功。成功就像宗教一样，它不是要你去了解的东西，而是要你去实践的东西。坚信的真正含义就是坚定不移地实践，就是付出足够的勇气和代价。

董明珠有一个最高尚的信仰，她认为人活着就要为社会作出点贡献。一个企业，更不应该单单为了赚钱而存在，企业也应该在赚钱的基础上负起其应有的社会责任。

2003 年，她第一次以全国人大代表身份参加全国人代会时，就呼吁“上市公司一定要代表股东的利益，珍惜股民的投资，搞好企业的发展，为股民提供尽可能好的回报”。她是这样说也是这样做的，2003 年至今，格力每年的销售额均以 30% 以上的增长幅度实现强劲的增长，每股收益一直在各家电上市公司中名列前茅，给股民带来了稳定的回报。

在2004年的全国人代会上，她又专门提交了关于社会保险的议案，呼吁社会各界关注外来工的社会保险问题，并对外来工的养老保险、医疗保险和女工生育险提出了切实可行的建议。

可以说，对于社会责任的担当，董明珠从来都是不遗余力。几年来，她将自己30万元稿费全部捐赠给贵州省一个贫困小学。在董明珠的带动下，格力历年来捐款捐物累计价值已经超过4000万元。

而追溯到当年拒绝加入价格战，也是因为董明珠认为格力有义务担当起稳定全行业健康发展的责任。她认为，全行业的价格战必然会使得企业根本无法最大限度地把人的力量和智慧从单纯的商业交换吸引到创新领域，最终不仅是消费者吃亏，空调行业本身也会陷入价格战、同质化、产能过剩的泥沼，而不能真正打造品牌。

正是在这种蓄积着责任感的坚持中，董明珠拒绝了先货后款的行业陋习，拒绝了明显采取渠道垄断歧视策略的大卖场的高额订单，拒绝了用一些貌似先进的概念来进行炒作的宣传方式，而是踏踏实实地作自己技术创新，踏踏实实地为消费者和整个空调行业守护着应得的利益。董明珠为此曾经不止一次地被人骂过“傻”。

早在1997年，格力变频空调在格力驻各地办事处开始使用，很多经销商见了纷纷开口要货。但董明珠却一口回绝。她认为当时格力的变频技术尚未稳定和成熟，将不成熟的产品推向市场是一种不负责任的态度。

之后格力反复研究测试，又生产出一批新的样机继续测试，仍然没有问题，才决定大量投入市场，此时已经是2000年。虽然迟到于对手，但是格力的新品却因为质量过硬迅速成为市场的宠儿。

这样的“傻”事，董明珠常做常新。她始终认为，产品的核心竞争力在于质量，在质量方面不偷工减料，自然可以做到不摆虚架子，不以概念炒作糊弄消费者。

在铜管的使用上，格力多年坚持采用价格比其他铜管厂高5%以上的全球最大的铜管制造商制造的铜管。在电容的选取上，格力采用的是超过国标将近1倍以上的标准来选购。就是在空调利润不断降低的2005年，董明珠再次“犯傻”，出台“整机6年免费包修”的举措。

在董明珠的眼里，格力品牌价值的增值过程就是企业社会责任担当的同波共振。这些在强烈的责任感驱使下所做的“傻事”，让董明珠为格力的品牌赢得了一个又一个的加项。就在国内几家知名家电企业的净利润下滑了百分之二十几至百分之八十的同时，格力电器依靠专业化的优势、长期坚持诚信经营，不但赢得广大消费者的良好口碑和信誉，还实现了企业规模与效益的稳步增长。

有着坚定信仰的董明珠，却自称理想并不高：“当我离开格力的时候，如果公司的员工能够想念我、回忆我在的时候给他们带来的东西，我就满足了。”

“我在读书的时候喜欢想入非非，觉得老师最伟大——老师能够造就人才；觉得医生最伟大——医生能治病救人；还有就是想当兵——军人有一种气势。我觉得这三种职业是最神圣的。现在在这儿当总经理，可以说这三个理想都实现了。”

这就是董明珠，这个被称为“吃人不吐骨头”、“走过的路连草都不长”的女人的内心世界。

“她挺可怜的，每天都休息不好，看病都没有时间，而且是一个人生活，没有人陪伴。”格力员工私下里说，“她信佛，相信因果报应。”

这个成功的女人，把所有的心血都花在了格力上面。

每次出差，她都是一个人，而且不喜欢到饭店吃饭，住的也只是很一般的房间。她的想法很简单，这样省钱。

可是，如此“省钱”的董明珠，却曾经说过一句“狠话”，那就是要让格力的最基层员工能做到年薪三万，这无疑点中了许多不断透支员工体力的制造企业的死穴。

而据2007年的一份《经济观察报》报道，在其所作的一份企业调查中，超过半数的企业2006年的成本上升了5%～15%，47.6%的企业表示2007年成本还会增加。而成本增加的主要原因，61.9%的企业归为增加员工工资。

该调查还显示，66.7%的企业表示会将利润中的很大一部分用于改善员工待遇。“依靠廉价而密集的劳动力资源实现经济增长的时代将走到尽头。”瑞银证券投资研究部董事总经理、亚太区首席经济学家乔纳森·安德森撰文说。

如果把这些企业被动的提高员工待遇和董明珠主动地提出“最基层员工达到年薪三万”相比，我们就会明白其中的差距。对众多企业来说，如果不是迫于“民工荒”、“技工荒”，他们大约并不愿意提升员工的待遇。最起码，在前几年劳动力充足的时候，几乎没有哪家制造企业想到给员工增加工资。当时广为流传的一个数据足以佐证这个事实：珠三角地区12年来民工平均工资仅仅上涨了68元。

由此，我们更可以看出董明珠那颗对企业、对员工负责任的心。

作为全国人大代表，董明珠没有忘记自己曾经是一名普通的销售人员，她时时刻刻都在履行人大代表的职责，反映群众的呼声。她曾向全国人大提出议案：医疗保险报销的用药范围每年应当更新扩大，同时要增加大疾病保险的范围，外来女工也应参加生育保险。

董明珠认为，她经过一年多的实地调查，并结合企业自身的实际情况，发现一些地方在社会养老保险方面存在三大弊病：一是退休金偏低；二是外来务工人员离开务工所在地结算个人账户金额不合理；三是个人账户查询不透明。

针对医疗保险存在的问题，她建议：首先要调整医疗保险待遇的享受时间，建议参照工伤保险享受待遇的时间规定，医疗保险享受的时间从参保当天开始。其次，住院费用的支付限额不应一刀切。应该建立特殊通道，对交纳社保费用达到一定额度的企业职工，在按照一般政策不能解决医疗费用时，可由企业申请酌情增加费用。第三，医疗保险报销的用药范围每年应当更新扩大。而目前的医疗保险用药范围太窄，大部分有效药属于自费药物，社保部门应当根据患者需要调整医保用药范围；同时要增加大疾病的范围，支持患者根据病情自由选择更合适的医院。

董明珠提出，外来女工也应参加生育保险。由于外来女工只能参加大病医疗保险，却不能参加生育保险，她们的权益得不到根本保障。

对社会问题如此的关注，即使在那些号称时刻不忘对社会作贡献的企业家里面也不多见。董明珠不但关注，还进行了详细的调查，并充分利用自己人大代表的身份向政府呼吁。这一切的推动力，无不源于董明珠心灵深处的信念：一个高尚的人，是应该为社会作出点贡献。

当布鲁诺为了自己的信仰而决然地走上火刑架时，他得到的是真理；当董明珠为了自己的信仰而不断奋斗时，她得到的不光是格力的成功和个人的辉煌，她还得到了世人的尊重。

第二章 倔犟营销的背后

1 三大战役

人们对成功的人物总是不吝于赞美之词。各种各样的华美的词语总是被套到那些成功人物的身上，由此组成一个熠熠闪光的光环，使成功人物更加高大、完美。

相信此时的董明珠也是如此。她那近似传奇的经历，让渴望成功的人们无不期望能够更加深入地了解她、分析她、透视她、学习她。可是，现在的董明珠已经有了太多的光环，这些光环像海市蜃楼般吸引了人们的视线，以至于人们完全忽略了岸上真实的图像。

董明珠的营销经历无疑是非常成功的，正是因为此，人们才给予她“营销凤凰”、“营销传奇高手”、“商界奇女”等种种溢美之词，对于这些称谓，董明珠确实也是当之无愧。可是，如果人们仔细分析，就会疑问：这位现实中的营销高手，就真的有什么绝招吗？为什么还有很多人，读了那么多营销的书，学了那么多营销经验，还是不能够成为一个成功的营销人员？

是人们的悟性不够，还是人们的做事方法有问题？答案，还要从董明珠的身上挖掘。

初次追债成功，董明珠又回到了安徽，这儿是她的地盘，也是她的战场。她需要在这儿攻城略地，建立她的营销帝国。可是，一切都该如何开始？她的心里还是有点茫然。记得刚踏上这块地盘时，她曾经摩拳擦掌，跃跃欲试，带着满腔的抱负和雄心。经过了40天的讨债，她已经明白即将面对的是什么样的困难。也许，自己当初的想法太乐观了，她面对的，不是一个小山头，而是数都数不清的悬崖险滩。

董明珠的心情一点点地沉重了。

当时的市场上，出现了一些新的变化。为了占有市场，厂商之间的关系被进一步明确，商家承担的责任也就是厂家所承担的责任。这一变化也让董明珠开始思索：她该如何面对，又该如何应对？

作为一名营销人员，董明珠首先想到的不是如何把货铺出去，而是怎么才能避免拖欠款的现象。根据公司现有的铺底销售的政策，她要想把货铺出去，还是比较容易的。但董明珠没有这么做，她是一个具有“远见”的人，或者说，此时的她已经流露出有远见的人才具备的特征：货款不清，不光会给业务员个人带来不必要的麻烦，还可能使企业背上沉重的包袱。假设企业资金出现了问题，货铺得再多又有什么用？只能是铺得越多，赔得越多。

这实在不是一个最基层的业务员该想的问题，她的任务应该是铺货、收款，公司的兴衰与她何干？公司真要是倒了，她也许还能从中渔利一把。

假如她当时真的这么想了，就不会有今天这个满身荣誉与光环，被人们津津乐道的董明珠了。董明珠能够有今天的成就，就是因为她首先想到的是企业，从一开始她就是站在企业战略者的角度去考虑问题，而不是仅仅从一个营销人员的角度去看问题。也许当时的董明珠并没有意识到，当她还是一个小营销人员的时候，她已经具备了战略家的视野与思想。就是旁观者也只有在读完她的故事后才会发现，这个女人思考问题，从来就不局限于她个人的职位，她习惯于从“老板”的角度全局考虑问题。毫无疑问，她是一个喜欢掌握主动的人。

要想打开安徽市场，又不出现拖欠货款现象，并不是一件容易的事。

董明珠让自己冷静下来，开始思考对策。她想自己要找的经销商应该是既讲信用，又具有经营头脑和服务意识的，只有这样，她才能敲开安徽市场的大门，进而攻占安徽空调器市场。

谋定而后动，有了计划和原则，接下来就要行动了。董明珠整整花了一个月的时间了解安徽市场，跑遍了合肥、淮南、芜湖、铜陵、安庆等地，最后，她终于从众多的经销商中筛选出了几个值得信赖的经销商，进行了成功的合作，打了几场胜利的战役。

战役第一枪是在淮南市场打响的。之所以选择淮南市场作突破口，董明珠有自己的想法。经过一个多月的市场调查，她发现经销商要么对“格力”产品没什么印象，要么对格力公司的服务大为不满，以至于她在游说经销商的过程中，每次都要碰钉子。

董明珠意识到“格力”品牌在市场上的信誉已经降到了极点，如果她不能想办法挽回这种局面，她根本就无法打开安徽市场。

被逼无奈，她只好选择一家之前从未做过“格力”产品的经销商试试。

这家商场主要卖冰箱，附带也卖空调。商场经理听完了董明珠的介绍，大大咧咧地说：“是骡子是马拉出来遛遛，拿来几台试试吧。”

前面说过，按照惯例，铺货是比较容易的。但董明珠更加关心的是付款方式，在行动之前她就给自己定下了规矩：先付款后发货，做不到这一点，绝不和经销商合作。

所以，当经理要求拿几台试试的时候，董明珠立即追问：“你们用什么付款方式呢?”

想必这句话让商场经理听后非常不舒服。经理相当牛气地指着顺德的华宝空调和江苏的春兰空调挨个给董明珠看，并滔滔不绝地说那两个厂家给了他什么什么样的优惠条件，最后，他一字一顿地强调：“他们都是要我代销。”

没想到董明珠不吃这一套。虽然华宝和春兰在当时的品牌名气确实要比还默默无闻的格力大得多，但董明珠心里更清楚，像这种先发货后付款的营销方式，手段固然灵活，但由于产品价格的控制权不在厂家而在商场，以至于同一个企业的产品，在不同的商场有着不同的价格，这种现象会严重影响企业的市场销售，说到底，这是一种极其幼稚的做法。

考虑到这一点，董明珠坚定地说："我们的产品要先付款后发货。"

经理有点吃惊，很好奇地看了看董明珠，估计是从没有遇到过这样的业务员。他翻了翻眼睛说："对不起，你请便吧。"

首战失败，董明珠反而被激起了斗志，她毫不妥协地一家一家走下去。每次从经销商那里走出来的时候，她都是败于同一条僵硬的市场规则：代销。没有哪家经销商愿意先付货款，在这些经销商的脑袋里装着的，是多年来形成的规则惯性——货卖掉了才能付款。

连续的碰钉子使董明珠意识到，再这么跑下去估计结果都是一样的。她虽然倔犟，但她不是那种一头撞南墙的人。

冷静下来的董明珠在脑海里盘算，她认为"先付款后发货"的方式并没有问题，问题在于经销商的思维惯性一时难以改变，她现在需要的，就是找到一个突破口，改变经销商的这种惯性思维。

也许董明珠当时并没有意识到，但现在我们反过头来看就会发现，董明珠碰钉子是必然的——她是在用一个人的力量去改变行业规则，而且，她只是一个营销人员。

初生牛犊不怕虎，假如董明珠意识到她是在用一个人的力量挑战行业规则，后果会如何，不得而知。也许董明珠会退缩，那就不会有今天的格力，也不会有今天的董明珠。

幸运的是董明珠没有想这么多，也没有想得这么"伟大"。她当时想的就是她必须为公司负责，也是为自己负责。假如她能根据自己的想法做成生意，那她不但省去以后的追债之苦，也增加了自己的销售信心。

巅峰营销，首要的就是挑战自己，假如自己先丢失了信心，又如何去挑战庞大的市场？董明珠能够成功，与她由始至终都对自己的想法特别有信心有关。无论是做营销员还是后来做到格力总裁，她总是对自己的想法有特别的信心。

信心是一种积极的力量。它表示着营销人员的精神状态，是对于自己的产品，对于自己的企业的一种强烈的信念。同时，这种信念会感染你的客户。但也不能盲目地自信，要对自己的产品特点、优势了如指掌，增加说服力。因为客户最关心的不是你的产品，而是你的产品能够为他们带去多少利益。如果你没有信心给客户带去利益，客户便没有信心去销售好你的产品。

因此，光有信心是不行的，现实中我们还需要理性与冷静。我们坚信，我们会在失败中磨炼自己，在磨炼中提升自己。关键是，我们要学会反思与总结经验。

经过反复思考，董明珠相信自己的销售方式是正确的，她有理由坚持下去。总结了前几家失败的教训，她觉得自己在谈话的时候应该掌握主动权，细心观察对方的反应，关键性的时候，也可以退让半步。

如果说40天的要债生涯使董明珠获得了脱胎换骨般的重生，那么此时的一次次碰壁失败，无疑在使重生的董明珠迅速变得成熟。她将在营销这个新的人生领域，艰难地磨炼自己，迅速地提升自己，成功地塑造自己。

人总是在磨炼中变得成熟。当董明珠再次踏进一家商场时，她已经无意中提升了自己的能力。

对方的经理是个女人，而且挺面善，董明珠心里掠过一丝惊喜。女人之间，总是会有共同语言的。董明珠预感，这次她会成功。

这次董明珠谈话的时候完全掌握了主动权，她不再单刀直入地问对方会用什么样的付款方式，而是一个劲地介绍格力空调的质量如何过硬，用过她们产品的用户如何满意，最后她说：“只要进我们的货，保证你们能赚钱。”

对方似乎并没有被她的诱惑所打动，女经理不动声色，要董明珠先进20万元的货看看，如果好卖，再继续合作。

凭直觉，董明珠觉得这个女经理比较可靠。为了能做成这笔生意，她决定按预定的方案退半步，她说：

“我们公司有规定，要先付款后发货。但我们第一次做生意，凭直觉，我觉得你比较可靠，政策可以放宽些。你先付一半的货款，我马上安排货源。假如货到了卖不完的话，剩下的我会无条件地给你退款。”

对方还是有点不放心，问：“话是这样说，可是，我们之间第一次打交道，你拿什么来担保呢?”

董明珠心里也没有谱，她不过是一个小营销员，能拿什么担保？可是她明白，成败在此一举，如果她不能坚定表白自己真心合作的态度，那她就无法找到突破口，打开安徽这个市场。想到这儿，董明珠一咬牙说：“如果你有什么不放心的地方，尽管提出来，我们在签订合同时，可以在文字上将此表述清楚，我们愿意承担法律责任。”

董明珠不知道如此表白能否有用，出乎她意料，对方竟然爽快地答应了，并且说：“分两次太麻烦，还是带走20万吧。”

终于做成了安徽的第一单生意，董明珠的眼睛湿润了。她的“先付款后发货”的方式终于获得了成功，她可以继续努力做下去了。董明珠虽然高兴，但她更牢牢提醒自己还有更艰巨的任务：这个女经理如此信任她，她一定要用加倍的服务来回报女经理！

对董明珠而言，拿到款，发完货，事情并没有结束，她还有对自己更高的要求：她要帮对方把这些货都卖出去！只有帮对方把货都卖完了，她这一仗才算真正胜利。

从董明珠进入营销行业的种种行为来看，我们不妨进行非恶意的推测：她要不是一个非常有“野心”的女人，就是一个特别有抱负的女人。而从现在已经功成名就的董明珠来分析，她确实是一个非常有“野心”的女人，也是一个有抱负的女人。只是，她的野心并非为了自己的私利，而是为了企业；她的抱负也并非要达到个人成就的巅峰，而是要做出一番事业。

正是因为有了“野心”和抱负，董明珠才能够在做每件事情的时候，都超越自己营销员的身份，从全局出发去思考问题，寻找解决问题的办法。这一点，恰恰是值得那些只为一己私利而工作的营销员所学习的。

货到淮南以后，董明珠竭尽全力帮助商场销售，结果，这个1992年的夏天，不仅那20万元的空调销售一空，而且女经理又进了一批货。这一次，没等董明珠开口，女经理就主动说：“你放心，还是老规矩，先付款后发货。”

淮南市场由此被打开。据后来统计，1992年，格力在淮南市场的销售额达240万元，这是安徽所有城市中业绩最好的，比有些省的情况还好。对董明珠的跟踪服务，淮南的经销商都说，做格力的产品最省心、最舒心、最放心。

淮南战役这一仗，董明珠打得很辛苦，但意义重大。假如没有淮南战役的胜利，董明珠会不会继续坚持“先付款后发货”的方式，会是个疑问。董明珠能否继续保持销售信心，也不得而知。总之，可以毫不夸张的推测，没有淮南战役的胜利，就很难有今天的董明珠，也就不会有今天享誉国内外的格力空调。

有了第一次的成功经验，接下来的芜湖战役就简单多了。在芜湖，董明珠分析了一下情况，夏季就要过去了，再一家一家地跑，时间来不及，而且还有其他的市场等着她呢。

董明珠决定集中优势兵力打一场“歼灭战”，目标是芜湖规模最大的一家商场。

进攻比较顺利，凭着坚忍不拔的毅力，董明珠很快就拿下了这家商场。1992 年在芜湖，光是这家商场就销售了 100 多万元的格力产品。这不仅出乎董明珠的预料，就是这家商场也大为吃惊，在他们的印象中，这是历史上所没有过的奇迹。

这场迅疾、快捷的战役不仅打得成功，而且所需的时间很短，给董明珠打那场最持久、最成功的铜陵战役争取了充分的时间。

铜陵是全国久负盛名的铜矿基地，工业基础好。改革开放后，又新成立了一个工业开发区，家属楼一盖一大片，潜力巨大。对董明珠而言，这是一处宝藏，但能不能挖到宝，还要看她的本事。

有的人干了一辈子营销，到老仍然是一个营销员。董明珠则不然，两次战役的胜利，已经让她在思维上从一个小兵上升为了将军。虽然她仍然是一个人，但她却懂得了借势发力，借用别人的力量，加上自己的指挥，打响战役。

董明珠跟一家做医疗机械的商店签了供货合同。这家商店的经理是个男的，有一位宝花空调的营销员总是隔三差五和这位经理出去喝点小酒，吃点便饭，联络联络感情。董明珠不会喝酒，她也从来不喝酒，即使在她功成名就，成为格力总裁以后，酒桌上她也是一杯白水，绝不破例。

该怎么办呢？

董明珠想，既然男业务员的优势是喝酒联络感情，女人自然也有女人的优势——营业员都是女的，都是女人，就容易有共同语言。站在商场中卖空调的毕竟都是营业员，她们有时候对一种品牌的宣传和推广起着相当大的作用。即使男业务员拿下了男经理，经理也需要再跟这些女业务员进行沟通，而她如果直接和这些女业务员进行交流沟通，岂不是更直接、更简便？

想到了这一点，董明珠便主动和这些女营业员接触，她不但和营业员们一起卖空调，还使出浑身解数教她们如何向顾客介绍和推销格力的产品。此时的董明珠，更像一位亲赴战场的将军。

奇迹总是偏爱那些乐于思考并勤于行动的人。这一年，格力在这家商场卖得居然超过了宝花，直让宝花的业务员大叫“不可思议”。

但是，铜陵是个大市场，仅仅这一家商场的成功毕竟是微不足道的。董明珠需要一场更大的战役。

成功者都有其相似之处，那就是他们都非常敏感，善于把握机会。

董明珠在和那家经销医疗器械的商场经理沟通时，该经理曾向她抱怨现在空调生意难做，难在客户用电要交增容费，又要控办审批，很麻烦。毫无疑问，这位经理说的是事实。空调本来诞生的就晚，我国的空调生产更是起步晚，产量和质量也跟不上，更由于空调是“奢侈”品，耗电量比较大，在20世纪90年代初，我国许多地方电力供应又不太足，时不时就闹停电，连政府部门、医院、科研单位的用电都没办法完全保障，买空调要控办审批也就理所当然的了。

董明珠对这一点也深有感触。唯一不同的是，在董明珠的内心深处，隐隐约约觉得有解决这个问题的办法。

到底怎样才能解决这个问题？董明珠的脑海突然划过一道亮光：既然空调机与供电局和控办有这么大的关系，要是直接让供电局和控办经销空调产品，不就畅通无阻了吗？

在那个特殊的年代，不少国家机关和特殊部门都大办“实体”，董明珠坚信，供电局一定会对她这个送上门的实体生意感兴趣。

董明珠穿一双旧球鞋，背一个过时的黄书包，闯进了供电局营业厅经理办公室。进来之前，董明珠还心存疑虑，毕竟是和政府部门打交道，万一这儿官商作风严重，她该怎么应对？

和经理一见面，董明珠的顾虑就打消了。经理是个非常和气的人，他给董明珠倒了一杯茶说："说实话，我们虽说也卖空调，但完全是门外汉，不知董小姐对我们有什么建议？不要客气，尽管说。"

既然已经闯了进来，董明珠知道自己只有继续往前走，不可能后退了。想到这儿，她就不客气地跟这位经理滔滔不绝地讲了起来。先从空调市场谈起，再根据供电局的情况，分析他们能卖掉多少台，可以赚多少钱。然后再介绍格力产品有什么特点，他们怎样做就可以轻松地卖出去。

董明珠滔滔不绝地讲下去，对方几乎没有插话的余地。最后连董明珠都觉得不好意思了，说："光顾我自己讲了，也没听听你的意见，真是有点喧宾夺主了，不好意思。"

经理笑了一下说："你说得很好呀，说真的，我还从没有听谁说过上面这番话。看得出，你是内行。这样，今天我们要下班了，明天我有个会，你后天再来怎么样？"

董明珠心里一乐，看来这笔生意有希望。

虽然不能一下子就把订单签下来，但董明珠没有闲着。她一没事就跑到供电局来，经理有空的时候，她就跟经理谈空调市场的运作，经理忙的时候，她就在商场四处走走，留心观察，看泰州春兰、无锡迎燕、陕西宝花、顺德华宝这些老牌子如何进行市场运作。

勤快，是一个业务员获得成功的基本功。一个好的业务员，必须时常跑市场，多跟客户沟通，才能更好地把握市场脉搏。幸运的是，董明珠不但勤快，还很好强，这从她刚入营销行业带病跑市场就看出来了。所以，董明珠的成功是一种必然。即使在此时她不能成功，在另一个时候她也会获得成功，她是一个坚持自己信念的人。

供电局经理终于被打动了。当然，与其说他被格力的产品所打动，不如说他被董明珠这个人打动更贴切。他把董明珠介绍给了供电局局长，局长才有拍板权。

看来只有把局长也说服了，才能做成这笔生意。董明珠不敢大意，和局长见面后，她和局长一起分析了铜陵市的空调市场：铜陵市是安徽东部沿江地区的物资集散中心，又是全国闻名的铜矿基地，人们生活水平相对富裕，企事业单位不少，做空调生意只要到位，肯定大有赚头。董明珠又跟局长大讲格力空调质量如何稳定，对音响彩电无干扰，返修率低等等，把局长听得连连点头，最后拍板说：

“好，就这样定了，进你们格力的货!”

第一笔50万元的货款汇到珠海，董明珠一下子成为了名人。大家都在传说，那个新来的女业务员，跟人家一吹，人家就打来了50万元的货款。

中国有句话：以物观我，我皆着物之色彩；以我观物，物皆着我之色彩。意思很明白，当人们去评价一件事的时候，总会带有主观的影子，或者说，人们总会以自己做事的风格和方式去评价一件事。所以，当其他业务员在评价董明珠一吹吹来50万货款的时候，我们不难想象，他们是在以自己的做事方式去看待董明珠。只有董明珠心里明白，这50万的货款，可不是像别人说得那样，轻松地吹来的。个中艰辛，只有她心里清楚。而且，对董明珠而言，50万的空调发到安徽，业务不过才做了一半，她想要的不只是这一单生意，她还有更大的野心，她要让格力空调的品牌在安徽落地扎根。

首先，为了把这批产品卖出去，她要培训商场的员工。

供电局所办的第三产业的员工，大多是本系统职工的家属，对于做生意，特别是卖空调，可以说完全是外行。空调到货后的一个月时间里，董明珠基本泡在铜陵市，手把手教她们怎样向用户推销，讲格力空调有什么功能，跟一般空调对比有什么优势，做生意时，如何跟消费者解释，如何操作调试等。

供电局有自己的安装队，董明珠建议他们免费上门服务，那个时候大家还没有意识到服务的重要性，所以都对董明珠的建议不以为然。

董明珠耐心地解释：产品能卖出去，安装工作就显得重要了。从严格意义上讲，空调器只是一种“半成品”，它不像冷柜彩电，买回去搁那里都行，插上电源就可以使用。空调安装很重要，安装质量的好坏，不仅决定空调的性能，运转安全、使用寿命，还决定着噪声大小。像分体式空调，安装得不好，大有可能发生坠机事件，砸着人，闹出人命事故来，后果可就严重了。窗式空调安装虽然简单些，但也受制于安装高度、墙壁强度、房间位置等因素。而且过了一段时间，空调需要维护，比如除尘，加制冷剂等。

董明珠的诚意打动了大家，他们很高兴地采纳了董明珠的建议。

董明珠用自己的信念和诚意彻底打开了安徽市场，淮南、芜湖、铜陵三大战役像三把锋利的匕首，划开了格力空调在安徽市场的沉闷局面，再加上格力产品质量上过关，跟踪服务也做得比较到位，“格力”的声誉在安徽如日中天，影响越来越大，董明珠让“格力”品牌在安徽落地扎根的愿望终于实现了。

1992 年，格力在安徽突破了 1600 万元的销售大关，占了整个公司销售额的 1/8，董明珠也由此成为了公司内的传奇人物，开始受到公司高层的注意。

纵观董明珠 1992 年的营销传奇，她靠什么创造了如此大的奇迹？是像人们猜测的她一吹吹来 50 万元，还是她有什么营销高招或秘诀？其实，这个世界上既没有什么高招，也没有什么秘诀，只有两个字：勤奋。如果再加上两个字，那就是“诚信”。这四个字应该是一个成功业务员的基本功，也是业务员走向成功的必要条件。虽然勤奋和诚信并不一定会使我们成功，但没有诚信，又不勤奋的业务员，永远都不会获得成功。

2　打“大户”

董明珠曾说过一句话：“没有格力没有我，但没有我也没有格力。”

说实话，虽然事实确实如此，但在众人之前说出这句话，也是需要胆量的。但董明珠就是说了，而且说得斩钉截铁，荡气回肠，说得让那些认识她和不认识她的人都不得不感叹：这个女人，就是厉害！

其实，真正认识到董明珠厉害的人，还是那些曾经和她直接打过交道的人。

1996 年，董明珠这时已经是格力公司经营部的部长。她已经不需要再像以前那样单枪匹马，战斗在营销第一线。有句俗话叫“屁股决定思维”，意思是说，中国人习惯于在什么样的位子用什么样的思维思考问题，官越大，思维问题的方式越官本位，往往围绕着自身周围的一小部分利益考虑问题。但是，这种现象到了董明珠这儿却不灵了，所有那些为了利益放弃尊严和立场的行为，在她这儿一概行不通。只要违反了公司的规章制度，不管是谁，她一概与之进行斗争，毫不妥协，以至于那些胆敢“以身试法”的人们，无不落得个失败的下场。

1996 年，因为华东大水，气温偏低，空调销售艰难，许多经销商要求降低售价。董明珠向来是长远看问题，她考虑到格力信誉和政策的稳定性，决定维持原来的价格不变。

格力不准降价，货就不好卖，货不好卖，经销商就要受到损失，于是经销商不乐意了。格力第一经销大户 Q 直接飞到珠海，口出狂言：“董明珠你要明白，我们才是你的真正后台。你把我们搞好了，你这位置就坐稳了。想一下，如果大经销商都说你不好，你后果会怎样？”

虽然Q以前和董明珠有过愉快的合作，但说这样的话说明他并不了解董明珠。董明珠如果是冲着权力或者钱而工作，那么先前别的公司以几百万的年薪挖她时她早就走了；即使做个普通的格力公司的业务员，她拿的提成都能比现在的死工资多。她之所以坐这个位子，不是为了她自己，而是为了格力。部长、经理都不是她的人生目标，她的目标要比这些权力、金钱大得多，她要的是格力的健康发展，是格力的主动权，她绝不允许格力空调的定价权落在经销商的手里，这也是2004年格力产品从国美撤出的原因。

董明珠毫不犹豫地拒绝了Q的要求。不过Q的活动能力也不容忽视，作为格力第一大经销商，Q和格力内部的某些高层有着千丝万缕的关系，这些人或者不了解情况，或者经不住Q的游说，或者本来就立场不稳定，现在经Q一闹，纷纷表示大户们是格力的衣食父母，得罪不起，还是满足对方的要求算了。

董明珠孤立无援，她不但要对付外部像Q这种经销大户的干扰，还要应付内部的不团结。但无论如何，她都没有妥协，即使最后只有她一个人坚持不降价，她也要坚持到底。她是一个倔犟的女人，一旦她认为自己的想法是正确的，就会坚持到底，在一个推崇圆滑的营销领域里，这个女人反而以她的倔犟赢得了人们的尊敬和事业的成功，实属不易。

反过来说，这种倔犟不正是她成功的原因之一吗？她看上去更像是营销领域的一个另类，她不跟你玩手段，也不跟你玩圆滑，只要能够共赢，她就跟你合作，否则免谈。营销领域的一些潜规则，到了她这儿，完全行不通了。说到底，潜规则的盛行，无非是个人的私欲在作怪，一旦一个人没有私欲了，又怎么还会在意那些潜规则？

厂家与经销商之间的矛盾，是一直都存在的现象。可以说，自从诞生了第一个厂家，这个世界上也就相应产生了经销商。恩恩怨怨，分分合合，经销商和厂家这对冤家，这个矛盾统一体自诞生之日起，就从来没有停止过彼此之间的利益博弈。销量与利润，占有率与风险，投入与产出等等的矛盾与冲突一直处在争论的漩涡之中。

但是，客观地讲，经销商与厂家却从来没有简单地归结于一种单一的关系。在不同的行业，不同的品牌，不同的区域，不同的阶段等一些具体的情况下，经销商与厂家的关系表现出不同的形式和特点，有时双方会要求必须有长期的忠诚的合作，但是有时候又可能只是进行短期的利益合作。有时候又表现出世俗生意人的现实。说到底，厂商之间是一种非常实在的利益关系。有一致，更有冲突。

董明珠倔犟，但并非不讲理。她会用事实说服格力高层接受不降价的观点。其实，对于大户们离开后可能造成的影响，她已经做了充分的准备。1994 年秋格力跑了一批业务员，不但带走了经销商，还在媒体上造成了很大的舆论压力。临危受命的董明珠不但带领着手下人员挺过了难关，而且使公司的销售业绩翻了一番。有了以前的经验，董明珠坚定地认为，公司所要做的是维护 80% 经销商的利益，有了大多数经销商的支持，即使一时得罪了一个大户，市场也不会缩小，反而有可能会变得更大。

董明珠的理由在理论上是立得住脚的，但真正打动公司高层同意她的观点的，是她对 Q 的调查分析：Q 虽然看起来做得很大，但并不是以向社会提供优质空调的心态、以提供到位的服务来正常做大的。这一年来，他主要是低价倾销，再掉过头来与格力公司讲条件，逼格力公司降价。这样一来，他做得越大，对格力公司的损害也就越大。如此冲击市场，对格力本身是个威胁，对格力各地的经销商也是个威胁。

公司决策层在最关键的时刻倒向了董明珠，毕竟，董明珠的一切行为，都是在维护公司的利益，而且，格力是一家国有公司，每个人都应该为公司负责，为国家的利益负责。

事情本该到此结束，但Q当不成上游生产商，却有能力欺负下游二级经销商。不久，宜昌一位二级经销商向董明珠投诉，说他和Q做了2000多万元的格力空调，Q甚至连正常安装费都没有给人家结。如此欺负二级经销商，是非常不道德的，在同行中要受到谴责。董明珠下定决心，封杀Q，任何人不准给他供格力空调，谁供制裁谁。此时凉夏露头，空调很不好做，加上厂家商家竞相削价，做什么空调都不赚钱，做格力赚钱也很少，但多少能赚点。Q失去了格力的品牌，损失惨重，但悔之已晚。

虽然Q后来找到了董明珠认错，甚至请来了董事长朱江洪，但董明珠不为所动，她已经明白了Q是个什么样的人。这种人唯利是图，根本不考虑长久合作，共同发展，只要赚钱，他们什么事都能做得出来，他们虽然能够大量地卖格力的货，但一旦控制不住，也会对格力造成最大的破坏，从长远考虑，格力必须中止与这种人的合作。

董明珠彻底结束了与Q的合作，这件事震惊了格力经销商，也在行业内产生了轰动。毕竟，厂家大都不愿意结束与大经销商的合作关系，虽然大经销商不易控制，但也是给厂家卖货的主要力量。

董明珠有她的想法，像Q这样的大户要是不清除，只会损害更多经销商的利益，而一旦惹起众怒，再处理Q这样的大户就晚了。董明珠明确告诉与她合作的经销商：不让这样的大户做，可以给大家创造更好的经营环境。否则他一个劲冲击各地市场，大家的生意还怎么做？

按理说，商人只要有利润，就可以合作。问题是，董明珠已经超越了商人的层次，虽然这时的她只是一个国有企业的部门主管，但她却有着企业家的情怀与视野，在格力的发展过程中，她想得更多、更广。从某种意义上说，董明珠此时的管理思维和经营意识，更契合于发达国家的管理现状，但若把它应用于中国，就显得有点超前。问题就纠结于管理意识的超前与员工工作意识的落后，这也是为什么直到现在，大家都觉得董明珠是个奇迹的原因。

如果有人要问，企业家和商人之间的最大区别是什么？是梦想。商人和企业家都会进行艰苦卓绝的创业，商人的目的是为了挣钱，而企业家则是为了实现自己的梦想。从一定意义上讲，没有伟大的初衷就不能成就一个伟大的企业家。电视剧“乔家大院”中的乔致庸之所以区别于其他众多商家，就是因为他尽其一生，在“货通天下、汇通天下”的梦想中痴狂不悔，在动荡岁月中抒写着自己的企业家情怀。

说得再简单一点，企业家和商人的根本区别在于：企业家所追求的是其自身价值的最大实现，是事业，不是金钱。此外，企业除了对所在城市的税收有贡献，还应担负一定的社会责任，作出精神贡献来获得周围社会的认同，最终达到社会以企业为荣，企业也以社会为荣的理想状态。

当企业家的思维和商人的思维相遇的时候，自然就会发生矛盾碰撞，因此，董明珠和经销商之间的矛盾，也是一种自然的现象。

很多人都认为管理难做，认为人与人之间各种关系错综复杂，不好管理。事实确定如此吗？如果说复杂，那也是我们自己先把事情弄复杂了。如果我们都能像董明珠这样坚守原则的话，又有什么不能解决的问题。发达国家的许多管理制度拿到中国来就失败，并不是制度本身有问题，而是我们的思维有问题，说白了，就是我们不能真正地坚守原则。

关于坚守原则规章，汪中求曾指出，“在企业管理的实践中，我们发现，细节管理的落实要从规则的建立和员工对规则遵守做起。许多企业管理的失败，正是员工对一些涉及细节的规则的漠视造成的。”诚然，坚守原则与规章，何时何地都应当提倡和鼓励。但如果这种坚守有了弹性，变成只对某些人坚守，而对某些人却敞着方便之门，原则规章也许就只能是

“花瓶”。现实中不难看到，有人对原则规章比较淡漠，做人做事过度迷恋“技巧”和钻营，明明工作有标准，他却只求个大概、差不多；而在规则面前，凡事都要讲点关系、搞搞通融。种种“特殊”多了，领导的需求便成了“标准”，而群众的“需求”就难免不会受到“优待”了。这其中的原则与法规何在？关节何在？或许，还真是一些“规则”之外的事。

格力很幸运，它有了董明珠这样一个坚守原则的人。董明珠也很幸运，她因为坚守原则而不断地获得了成功。

从人性上讲，“人格即佛”。每个人的成就都无法超越他品格的上限，因此，一定的自我控制是成功者的重要标志。“善恶从来一线间”，企业领导者要坚守原则，永不突破道德底线，因为道德最终带来利润。以原则为核心的生活本质就是倾听良心的呼唤，把原则放在利润的前面。如果你想走捷径，那么你会很容易就发现赚钱的方法，但那样就会伤害你的原则。事实上，消费者对你的产品的信赖，就是对你的最大的回报。因此，相比之下，光明磊落是最好的经营策略。

董明珠选择的并非捷径，但却是一条光明磊落的路。

对于不遵守游戏规则的经销商，董明珠绝不手软，甚至不惜动用法律武器。1999 年，山西一位经销商给格力的一张 100 万元的汇票少了一个字，格力派人拿着汇票找到这位经销商时，这位经销商却把汇票给抢走了。

这已经不是第一次了，1998 年，也是这位经销商，就曾在汇票上玩过一次花招，当时格力是通过法律的手段，将这位经销商告上了法庭。慑于法律的威力，这位经销商赔礼道歉，补齐了货款。没想到刚一年，他又玩同样的花招了。董明珠想都没想，对付这种人，只能用法律途径解决。

其实，这位经销商也并不是真心想赖钱，他无非就是想通过这种手段，迫使格力在供货时给他更多的优惠。可惜他碰到了董明珠，在董明珠看来，他们这种大户固然重要，但格力的规章制度更重要，格力在全国有

200 多个一级经销商，十家销售公司，一旦屈服于他的压力，那后面就可能会有更多的经销商对格力施加压力。而且，董明珠既然敢开除 Q，就不怕再多一个他。

通过法律途径，董明珠再次解决了这位经销商的问题。

连着打压了两名大户，董明珠名声在外。当然，是好名声，不是坏名声。越来越熟悉董明珠的经销商们说，她这个人外表虽凶，内心深处却想帮经销商的忙，和她打交道，心里踏实。

事实上，商场上的董明珠，并不承认自己的善良。她帮经销商，那是因为经销商能够和格力共赢，如果经销商不能为格力创造利润，再善良又能怎么样？毕竟她也要保证企业的利润。

不管怎么说，董明珠像一位爱抱打不平的女侠，获得了大多数经销商的喜爱。每次出差，总会有经销商自掏腰包，宴请董明珠，以表示对她的谢意。

那些爱董明珠或者恨董明珠的人都应该记住，恰恰是因为这个女人，从 1996 年起，格力电器股份有限公司在我国空调业同行中，连续四年盘踞排名榜第一位。天气凉爽的欧洲空调年销售量 100 万台，格力空调就能够占据了 12 万台，并获第 22 届欧洲“国际最佳品牌”，这是 22 年来中国产品第一次获此荣誉。在空调业竞争激烈、经济大环境疲软的 1999 年，靠着与经销商的通力合作，格力仍保持了 15% 的增长速度，获得了连续四年销售量第一的荣誉。

而董明珠一如既往地坚持她的强硬作风，直到 2004 年，由于国美未经格力允许，私自将格力产品降价，董明珠再次强硬表示：格力停止向国美供货。

一时国内哗然。

3 对垒黄光裕

谈到董明珠，黄光裕一向冷漠的眼神里似乎不经意地流露出对这个执拗女人的肯定和钦佩。虽然无奈，想必，黄光裕一样对董明珠这个铁腕女人表示出了“最崇高的无奈”。

国美本来也是格力的销售商之一。2004 年 2 月，大地回春的季节，空调市场也在逐渐进入启动期。一向秉承“薄利多销”原则的国美，在格力背后做了一个小动作——未经格力允许，成都国美便将格力空调进行了私自降价。

正在北京参加全国人代会的董明珠得知消息，感到非常吃惊，她断然下令：停止向国美供货。

国美向来是只有“欺负”别人的份，没想到这次碰到了一个不买账的“刺头”。2004 年 3 月 9 日，国美北京总部也随之向全国销售分支发布了“把格力清场、清库存”的决定。这一决定像一桶汽油泼在火苗上，使双方矛盾骤然升级，关系急剧恶化。一家是连续 9 年占据国内空调销售量第一的生产商，一家是有着 130 多家连锁商城的全国最大的家电零售商。“豪门”厂商的对抗吸引了众多的目光。

董明珠是个眼睛里不揉沙子的女人，她意识到这不仅仅是双方对产品价格控制权的争夺，它还关系到双方能不能“诚信”合作。而且，国美虽然实力雄厚，销售网络遍布全国，但在格力的销售额中，它不过占了不到 1% 的份额。即使没有跟国美的合作，格力的销售额也保持了 40% 的增长率。董明珠非常清楚在和国美的对抗中自身所占有的优势。

董明珠的强硬反应，显然出乎黄光裕的意料。通常来说，厂家离不开商家，商家离不开厂家，这是一个规律。不过，虽然黄光裕很佩服董明珠自建渠道的方式，他还是认为工厂应该更多地强调技术而非销售。他举了一个例子：松下当初在日本建立了很多自由的营销途径，但到现在看来，都已经几乎不存在了。从这个角度来说，黄光裕认为国美这样的专业店是销售途径之一，而且这应该是一个大趋势，一个必然的趋势。黄光裕认为自建渠道只是销售方式的一个补充，不可能成为长久之计。

对黄光裕的观点，董明珠的反应也大出人们的意料，因为董明珠对这件事情的看法已经超越了企业利益的局限性，她更多地是从社会责任的角度去反驳黄光裕。她说："国美跟格力发生的矛盾，并不是个人之间的矛盾，而是观念的矛盾。现在要创造和谐社会，发生矛盾时，我认为应该多考虑行为者本身是不是能从自己做起，帮助实现和谐社会。格力始终把消费者利益摆在第一位，而不是今天卖一个低价产品，就认为我的价格最低，我是最好的。现在的商家和厂家都没有暴利，如果都亏损，企业就要倒闭，许多人将面临下岗，这不是大家愿意看到的。企业要对自己的行为负责任，不能赚暴利，但不能不赚钱，这就是格力与国美之间的不同观点。我希望跟格力合作的人，都能够成为赢家。同时，也给大家提醒，只要每个人都用诚信对待每一件事、每一个人，那么你就可能是赢家。"

董明珠做企业的理念在此可窥一斑：格力电器不需要占山为王的诸侯，需要的是在满足格力电器发展战略和消费者根本利益前提下的互信互惠，需要的是一支共生共荣共同将格力打造成为世界品牌的"联合舰队"

其实，格力与国美的矛盾冲突，背后是双方不同的销售模式的较量。格力与国美两种分销体制（"新兴连锁销售"和"传统代理商销售"）的矛盾与冲突在双方的经营理念面前终将不可避免。国美是传统代理商的销售巨头，而格力则通过独创的“新兴连锁销售”模式不断验证着自己理念的正确性。这不仅是双方实力的较量，还是新旧观念的较量。

确切地讲，国美模式是靠供货商的钱，解决了它的货款，然后用贷款解决了现金流，用现金流解决了上市，用上市回来再杀供货商。这其实是为了自己的利益，破坏双赢原则的做法。

而此次，董明珠的行动再次表现了她的长远的视野：“这件事发生以后，很多企业拍手叫好，背后都说董明珠给我们出了一口气。但是我说既然给你出了一口气，你为什么跟国美不能进行一个平台上的谈判呢。后来我总结经验，不是黄光裕的问题，是我们企业自己有问题。因为你想依赖于它把你的产品骗出去，我认为用‘骗’字比较合适。如果你的品质很好，国美不卖，别人一样卖。消费者最终会来追寻买你的产品。但是我们很多企业就是没有意识到，注重产品质量的重要性，仅是在交易的过程当中把产品推出去。为了推出去不断地在价格上进行较量，最后怎么办？那就偷工减料，进入一个恶性的经营环境当中。”

退出国美后，董明珠开始自建销售渠道，对此，很多人认为她“不自量力”。

在2007年，有记者再次和董明珠谈到格力和大卖场的“博弈”时，董明珠表示，格力之所以退出一些大卖场，是因为她并不认同某些大卖场的销售理念。她说自己的营销理念是“共赢”，消费者要赢，经销商要赢，企业也要赢。她虽然说自己“不愿意指责大卖场”，但仍对大卖场的销售模式提出质疑：“它肯定有问题，认为以强欺弱，全国我最大，想把其他的店面都吞掉。这不现实，也不符合客观规律，更不可能得到成功。”

她进一步指出，为什么很多企业虽然对格力的做法拍手叫好，却不敢像格力一样退出卖场，原因在于“格力敢这样做，是因为有好品质，你不卖我的，老百姓要我的。有消费者，就不怕没有出路”。

在董明珠看来，一些大卖场兼并联盟，垄断销售终端，逼家电生产商降价让利，操控市场价格，有可能使家电企业变成卖场的厂房。如果企业的发展以对方不赢利为前提，因为店大欺客的原因导致其他企业关门，其做法就值得商榷。

而且，交易是双方达成的和约，只要大家互相认可就没意见，只要一方不认可就可以退出。“更关键的是，企业品质要好，不在这里卖，消费者也要”。董明珠认为大卖场垄断是不成立的，不符合市场规律，否则格力也不会退出大卖场。说来说去，品质好才有话语权，才能和他们“叫板”。

董明珠自己曾评价自己说：“非常偶然。其实，我不该做营销的。”可以想象，如此评价自己的董明珠，无论如何，都不会把自己的思维和行为局限在营销的圈子里。她像一位破坏者，更像一位创新者，不断打破营销领域固有的游戏规则，又不断根据自己的理念和需要建立起新的规则。

“企业需要跟流通领域去沟通、合作，流通领域是否养成了职业道德，很难说。格力和经销商合作的原则是忠诚、友善、合作、共同致富，但绝不允许一家经销商利润通吃的局面存在。它这是‘打我路上过，留下买路钱’的思想，一天不接受格力的价格原则，格力就坚决不在国美卖场设柜。你无非是占有一个地方，你大部分是租赁的房产，如果靠这种经营理念，我到哪里都能搞得起来。”

董明珠确实不用担心跟国美的分裂，就在国美清场格力后不久，3 月 20 日，大中电器找上门来，与格力签下一份包销 1.8 亿元空调的年度协议，预计总销量在 8 万台左右，而上一年格力在大中的销售额只有 1000 多万元。

事实上，国美和格力反目以后，2005 年有人仍然在国美看到过格力的产品。当记者就此事致电格力时，董明珠再一次明确表示：格力不会和国美合作。

那么，国美里面的格力空调又是从何而来？北京明珠格力新兴格力空调销售公司总经理谢斌做了证实，此次格力空调出现在国美卖场是北京格力的一个代理商———山龙商贸公司和国美私下谈定的结果。

“格力给北京当地120多个经销商的价格都是一样的，也许是国美给了山龙比较低的进场费、或者给了其他优惠条件，至于双方具体如何谈的，格力不是很清楚。”而国美有关负责人也表示，基于以消费者为中心的考虑，国美最终同意了各地分公司和格力的合作，除了北京，国美全国其他市场也在和格力进行谈判，但总而言之，这种合作主要是区域的松散型合作。

当时有业内人士分析认为，不管双方对此次再度牵手如何低调和迂回，在市场利益的驱动下，最终还是会走到一起。格力和国美最初的反目是因为双方有着截然不同的销售模式，此次双方再度牵手，并不意味着其销售模式的分歧已经得到解决。此次双方暂时“放弃分歧，妥协合作”，究其原因，不难发现，在市场竞争进一步加剧下，连格力这样的大制造商和国美这样的大渠道商，为谋求更多的市场份额和利润，最终都会向市场利益妥协。

这些专业人士的分析并非没有道理，毕竟，作为一个企业，最大限度地获得市场利益是必须要面对的问题，如果企业连生存都困难了，又怎么可能有能力担负起更多的社会责任？而且，从某种意义上来说，“企业赚到了钱，就已经实现了其存在的意义”这一说法也不能说错误。

不过，董明珠还是一度拒绝了跟国美的合作。

2006年3月，国美、苏宁两大家电连锁巨头开始制定新一年的空调采购计划，几十亿元的年度空调采购计划。国美电器称，首先将拿出50亿元现金签约空调主流品牌，采购量达到2006年整体市场份额40%以上。在国美电器的订货会上，大厂家营销一把手悉数到场，对于即将开始的空调大卖季节，很多生产厂家的生产计划就是围绕着这两大销售巨头制定。

毕竟，40%的销售量在全国对于任何一家空调企业来说都不是一个小数目。可是，面对众多厂家的追捧，国美、苏宁却再次在董明珠面前吃了闭门羹。董明珠保持一贯的态度："我要定一个合理的价位。我用这价位跟你进行营销，你不销我可以到别的地方去卖。"

董明珠如此有恃无恐，是因为她早就开始质疑现有的传统销售模式。在她看来，如果跟国美、苏宁这些大卖场大面积地合作，很多企业可能死得更快。

在目前中国市场内的家电生产商中，董明珠也许是目前为止唯一敢说这种话的人。当强势男人遇到一个更为强悍的女人，惯用于男人之间的生意经似乎就不再通用。游走在生意场多年的黄光裕已然如此。

倔犟的董明珠如此强硬，还有一个原因是她不只是在关心自身公司的利益，她还在关心整个行业的健康发展。"近年众多家电企业倒下，比如2000年彩电业全线亏损导致国家几百个亿损失，有些是自身的因素，外部流通领域的因素也不少"，她的言语中透露出企业家少有的社会责任感，"产业的恶性竞争使得很多员工失业，很多国家和社会的资产白白流失。空调业不能走这样的老路，格力要起到中流砥柱的作用。"

毫无疑问，董明珠的"野心"再一次暴露无遗，她要用自己的力量去改变行业内的一些不良的现象，不管她将面对多么大的艰难，她都会坚持下去，因为她有必胜的信心。

仔细留意就会发现，2005年开始，一些家电生产商的行动都在朝董明珠所希望的方向转变。包括格力在内，奥克斯等率先发动渠道变革，推动渠道扁平化。美的则全面启动"乡镇空调普及革命"，宣称将投资1亿元在全国数万乡镇建立起1万家经销商网络，全力攻占三四级市场。而TCL

集团正在紧锣密鼓筹备其“幸福树”电器连锁卖场，号称这样可以在三四级市场避免厂家利润“像一二级市场那样被国美、苏宁、永乐等大肆压榨”的悲剧。

一个真正的企业家，总是在盼望一个良好的市场环境，董明珠是这种企业家中的一个。对于行业内的纷争，格力的态度一直比较超然。“格力通过规模化生产，降低成本，给消费者真正带去价格更实惠、品质更放心的产品。格力会当个好学生，用自己的行动去感化目标不明、动机不纯的厂商。”董明珠一再强调她的理想和目标。

董明珠曾这样阐述格力将要走的路，绝对不会去打价格战，也绝不会去牟取暴利，通过企业的壮大和产品的升级换代去赢得市场，而不是站在高位通过在市场上玩游戏的方式以达到格力独霸市场的目的。

但是，诚如董明珠所说，市场这盘棋是永远都下不完的。就在2007年3月份，国美和格力之间的这场对抗，发生了微妙的变化。

在2007年3月6日国美公布的150亿空调采购单上，囊括了松下、LG、三菱、美的、海尔、志高、长虹、海信、TCL等几乎所有知名空调品牌，唯独没有格力——这个在国内空调市场已连续10年保持产销量第一的品牌。

事情的突变让人目瞪口呆，一周过后的3月14日上午，广州国美电器总经理高集群与广州格力总经理王韦权的手握在了一起，一份两亿元的采购协议被签署。“在商言利”，高集群的话一针见血地道出了双方和解的原因，由此，阔别三年后的格力空调再次进入广州国美的33家下属门店。

“国美要做以消费者为导向的企业”，国美电器新闻发言人何阳青称，在和格力交恶的3年里，不少消费者在选购空调时会发现国美店内的空调品牌不全——至少没有空调老大格力。

其实，前两年，在部分地区的部分国美门店已经有格力产品在销售，一般是由格力代理商私下跟门店完成的谈判，这就是我们上面所提到的为什么还能在有的国美店看到格力空调的原因。但是像广州国美和广州格力这样的区域性合作还是近几年来双方迈出的最大的一步。目前，国美京津地区有十几家门店也有格力空调铺货，但数量有限。

不知是双方还需要一个缓冲的时间还是有其他的原因，虽然双方的合作已经跨出了一大步，但到目前为止还只是仅仅局限于地区总部之间，格力总部与国美总部之间的合作还未被考虑。

对于此次合作，格力仍然保持以往的态度。格力新闻发言人黄方华表示："格力没有变，变的是国美。"格力的渠道模式不会变，格力自建渠道的成功经过媒体讨论，又经过实践检验，是不会变的，而且，在平等合作、互惠互利的原则下，格力从不排斥与连锁终端的合作。

双方发言人的话都表现出了很大的灵活性，这让很多人看到了家电厂商与渠道关系缓和的希望。不过，也有专家分析，这只是局部地区的缓和，尚不能看做家电厂商与渠道关系缓和的标志。因为家电厂商与渠道商的矛盾本质没有变——中国生产同类产品的家电厂商有成百上千家，而全国性的家电连锁网络只有寥寥的几家，渠道作为稀缺资源的局势一天不变，渠道商的强势地位就一天不会改变。

对于这次合作，我们无法猜测董明珠是一种什么想法。不过，我们似乎可以看出她仍然在坚持自己的原则，因为就在这次合作的几天前，董明珠作为全国人大代表参加 2007 年的"两会"时，再一次对家电渠道的霸权进行了抨击——"大渠道正在成为制约家电产业进一步发展的因素"!

倔犟的背后是超然的企业家情怀，还有一份深深的自信。有人说，你可以质疑董明珠的营销模式，但你绝对无法质疑她的营销成果。相信这是一句非常贴切的评价。总是在建立新的游戏规则的董明珠，受到人们的质疑，非常自然而又平常。人类的天性就是对新事物感到怀疑，怀疑是因为对陌生的东西感到恐惧。难道董明珠这个喜欢创造新规则的女人，内心深处就没有一点点的恐惧吗？

她没有恐惧，因为她太自信了。当有观众问她海尔公司是否有可能超过格力的时候，她斩钉截铁地回答："海尔超不过我，因为他进步我也在进步。"

这是一个企业家的自信，也是一个营销高手的自信。在自由竞争的市场上，在挑战人格毅力的营销领域，自信是什么？自信是通往成功的必经之路。

有个孤儿向高僧请教如何获得幸福。高僧指着一块石头说："你把它拿到集市去，但无论谁要买这块石头，你都不要卖。"孤儿来到集市卖石头，第一天，第二天无人问津，第三天有人来询问。第四天，石头已经能卖到一个很好的价钱了。

高僧又说："你把石头拿到石器交易市场去卖。"第一天，第二天，人们视而不见，第三天，有人围过来问，以后的几天，石头的价钱已经抬得高出了石器的价钱。

高僧又说："你再把石头拿到珠宝市场去卖……"

你可以想象到，又出现了那种情况，甚至于到了最后，石头的价钱已经比珠宝的价格还要高。

其实世上人和物皆如此，如果你认为自己是一个不起眼的陋石，那么你可能永远是一块陋石，如果你坚信自己是一个无价的宝石，那么你可能就是一块宝石。

每个人的本性中都隐藏着信心，高僧其实就是在挖掘孤儿信心的潜力。

信心是一股巨大的力量，只要有一点点信心就可以产生神奇的效果。信心是人生最珍贵的宝藏之一，它可以使你免于失望；免于那些不知从何而来的黯淡的念头；使你有勇气去面对艰苦的人生。同样的道理，如果丧失了这种信心，则是一件非常可悲的事情。你的前途似乎有几扇门是关闭着，使你看不见远景，对一切都漠不关心，使你误以为是智慧的冷酷终结。

有了自信，你才能够感觉到自己的能力，其作用是其他任何东西都无法替代的。坚持自己的理念，有信心依照计划行事的人，比一遇到挫折就放弃的人更具优势。

4 变在变之先

如果相信一个人能够凭借自身优良的品格就能获得事业的成功，无疑是过于乐观了。虽然董明珠一再强调她成功的因素是因为她勤奋，可世上勤奋的又何止她一个人，如果仅仅靠勤奋，靠诚信就能成功，那这个社会上就不会有那么多绞尽脑汁，仍然找不到成功大门的人。

所以，要想弄清楚董明珠成功的原因，我们还需要深入分析、挖掘她的思维方式。

无论是初入营销行业所推行的“先付款后发货”方式，还是当上经营部长后的“打大户”行动，以至后来的对垒黄光裕，董明珠给我们的都是一副牢牢掌握主动权的印象。

永远掌握主动权，绝不允许自己处于被动的位置，这才是董明珠成功的真正原因。记得董明珠在进军淮南市场时，几经挫折，最后自己总结了一条经验教训，那就是“要牢牢掌握谈话的主动权，细心观察对方反应，必要时可以退让半步”。

曾有记者问董明珠：随着家电零售连锁商的兴起，对现有家电的营销模式带来变革冲击，怎样与渠道合作成为家电企业躲不过的命题，这条路怎么走？

董明珠如此回答：“我觉得很多家电企业应该冷静下来，认真分析市场，寻找适合自己的路。我的观点是，我们要适应市场，但是不能随着市场，要有一种主导和改变市场的能力。这就是格力的一种风格。”

显然，董明珠在此时并没有点透，她所谓的格力风格，实际上就是董明珠风格。在信息化时代，一切都以加速度在变化，原来需要十年二十年才会有所改变的市场现状，现在可能仅仅几个月就变得天翻地覆；原来一个企业战略可以执行几年甚至十几年，现在一个企业的战略如果几年还没有变，那简直就是自掘坟墓。

在一个以加速度变化的时代，企业家如何才能避免因行动迟缓而带来的损失？“兵来将挡，水来土掩”的应对方式显然是太被动了。比较好的方式就是如董明珠所说：要有一种主导和改变市场的能力。

1998年，宜家进入中国，在随后的几年里，宜家的家具迅速被中国的时尚一族所青睐，并一度成为“贵族”的象征。而这个时候，那些中国的家具业巨头们，无不一脸疑惑地看着这位侵入者，他们弄不明白，这个“外来的和尚”为什么能念好中国的经？

中国的家具行业一直不景气是个事实，可为什么宜家就能够“独树一帜”呢？这还要从宜家的经营理念和中国经营理念的区别说起。中国的家具产品向来以耐用为特点，因此好的家具自然就要用上好的木材，用上好的木材价格自然就降不下来，而中国人买产品，又是典型的“物美价廉”心理，这就出现了需求和付出之间的心理矛盾。虽然中国人喜欢那些笨拙、耐用的上好家具，他们却很难承受得起相应的高价格。没有钱自然就不能买东西，那些好家具不能大批量卖出也就在情理当中了。

而宜家来到中国后，首先向顾客灌输的并不是它的产品，而是对家具的使用观念——家具应该像流行产品那样经常淘汰，要经常选择新样式、新花样；质量不应该成为选择家具的首先考虑，那些笨重的家具应该被现代人抛弃。

这种观念对中国人明显是一种冲击，以前从没有人想过家具原来也可以经常更换，在他们那“中国式”的思维里，家具应该是可以用几辈子的东西。如今，这种思维被打破了，中国人开始接受“用便宜的价格，购买便宜但时尚的家具”的观念，而宜家的家具又正好是以便宜和时尚作为其卖点，生意好自然是在意料之中。

宜家成功了，在它们的产品还没有卖的时候它们就注定要成功，因为和中国的同行相比，他们的理念已经高于中国同行。大视野才能有大境界，成功的理念才能导致成功的行为。成功，有时并非决定于最后那一刹那，也许，开始时的那一个念头就决定了最后的结果。

面对变幻莫测的世界，应变也好，预防也好，其实都不是解决问题的根本，因为无论是应变还是预防，主动权都是在别人手里，我们只是处于被动的地位。要想真正在快速变动的市场中居于主动地位，我们就需要学会创新，而且是自主创新。唯有如此，我们才能把握全局，纵横商场。

托马斯·弗里德曼有一本书叫《世界是平的》，他在书中说：在过去，全世界只有欧美真正实行资本主义，创造各种产品，而他们只占世界人口的小部分。因此，全球商业的规模也就是8亿人左右的规模。而现在，技术的发展，以及中国和印度这样的国家发生的巨变让市场规模扩大为40亿人。无论这市场是人才的、制造业的，还是销售导向的，这一规模的变化导致的都不仅是量变，更是质变。

随着信息产业的发展，这一变化的速度还在不断加快。无论我们多么不情愿，现实就是现实，信息化时代市场变化的速度已经由线性变为几何级数，由此才使我们感到了市场的不可预测性。

一个企业要永远保持领先一步，领导的观念、企业的制度一定要不断适应社会，不断地调整变化。对于那些曾经很辉煌的企业，已经走出一条成功的道路模式，对企业的成功非常自信，面临的情况变了，观念制度就不太容易调整，企业就处在风口浪尖上。人也是一样，思维模式不创新，就容易给自己制造思维的死角。日本的成功企业有“死亡谷”的说法，意思就是曾经成功的企业假如沿着成功的道路一直走下去，就会步入死亡。所以日本的企业非常注重对市场的研究，注重制度与观念的创新。有了这些，日本的企业才能走在世界前头！

这里所讲的自主创新，实际上是一种超前的思维，也就是变在变之先的思维。当变化未发生之前，我们已经预料到，并提前改变自己，以达到引导并控制变化的目的。唯有如此，我们才不至于在事情变化之后，仓皇应对，措手不及。

这与下棋有点相似。下棋高手在落子之前，都会考虑自己的棋子一落，对方会有什么样的反应，自己下一枚棋子又该放到何处，才能继续引导对方朝自己所设计好的棋局走下去。不过，在董明珠看来，面对市场这盘棋，不是必须有一方赢，一方输，而是在力求走和的棋局里，以步步高招实现正和博弈——不是相克而是双赢。她说："棋行天下，并非统一天下，而是和所有人一起走下去。"

正和博弈的首要任务是寻找志同道合者。"企业与企业之间，能不能合作最基本的应该是彼此之间能否达成一个共识，而这个共识的存在是需要前提的，比如说彼此间的经营理念和价值观是否相同，如果经营理念和价值观都不同，那就很难谈得上合作。"

"道不同，不相为谋。"所以，董明珠在刚刚上任经营部部长的时候，就敢于"开除"傲慢的大经销商，打掉了几个大户。她要求所有经销商必须先付款后发货，开创了空调企业没有一分呆账的先例。

一旦认清了"谁是我们的朋友，谁不是我们的朋友"，要实现正和，就必须做到："我觉得大家都应该像维护自己的利益一样来维护对方的利益。如果不能维护对方利益的人，彼此之间的合作也就无从谈起。厂家有厂家的自尊，商家有商家的自尊，都要互相尊重。"因此，格力的赢利模式被定义为"只有经销格力赚钱，才能长治久安"。

从某种意义上说，这个原则间接衍生为后来格力股份制区域销售公司的“三个代表”——代表经销商的利益，代表消费者的利益，代表厂家的利益。只要谁敢逾越雷池半步，董明珠就敢跟谁翻脸；而只要上了同一条船，就要“生死与共”。所以，当武汉的航天、中南航运、国防科工委、省五金这“经销四大家族”面临困难的时候，董明珠没有另起炉灶，把它们从格力的经销商名单上划去，而是组建了股份制销售公司，令“四大家族”拍手叫好。

尽管如此，董明珠对商业社会的人性有着几分“如履薄冰”的认识。她将紧俏空调品种平均分配，避免大经销商垄断货源，扰乱市场。一个冠冕堂皇的解释是，一旦经销商拥有了“傲慢”的资本，对格力和该经销商的结局是显而易见的，那就是“分手”。这显然与“一加一大于二、两个一不是此消彼长而是共同增长”的“正和博弈”论背道而驰！

在还未成为格力经营部长之前，董明珠已经显露出了她的这种变在变之先思维，不过，当时大多人看到的只是她的倔犟，而没有看到倔犟背后这种能够主导未来变化的变在变之先思维。

那是1994年，因为业绩优秀，仍是业务员的董明珠被派到江苏专门负责江苏市场。这一年春节一过，江苏的气候就和以往不同，长江流域的季节变得特别长。总是雨季，对空调的销量绝对不是一件好事情。虽然江苏无论工业还是农业都相当发达，但低温阴雨的天气一路下来，整个4月（空调经销旺季的第一个月）空调市场基本没开过市。

每个人都在着急，空调生产商着急，经销商着急，董明珠刚接手江苏市场，一切都要重新开始，更是心急如焚。何况，她又在此时非常不幸地出了一次车祸，每天都躺在医院里。

一直到5月份，江苏的天空仍是阴雨连绵，丝毫没有回暖的迹象。五月下旬，终于有厂家坚持不住，率先降价销售。以生产冰箱起家的顺德科龙，首先在南京家电商场将其市场口碑不俗的 IP 分体式空调降价 20%，每台空调降低了近 1000 元。

众空调厂家本来就虎视眈眈，紧紧盯住对方的动静，现在名声显赫的科龙行动了，他们自然坐不住，也纷纷开始采取降价措施。空调市场一时变得浓烟滚滚，“削价大战”在不断升级。

还躺在病床上的董明珠，不断收到各种相关的降价消息，她感到从未有过的压力。因为格力到现在还没采取降价的措施，各地的格力经销商和业务员压力都很大，纷纷要求总部实施降价措施。

格力总裁朱江洪打来电话，询问董明珠意见。一开口他就问：“大家都提出降价，我想听听你的意见。”

公司总经理直接打电话询问一个最基层业务员的意见，可见董明珠在朱江洪心里的分量。董明珠没有直接答复朱江洪，首先她不是那种拍脑袋作决策的人，其次她还想调查一下市场。要知道，她的内心深处是不支持打价格战的。

董明珠用了三天的时间了解市场。她从病床上爬起来，一连三天穿梭在南京的商场。她在南京一家大型商场看到，即使降了价，空调部仍然是冷冷清清，根本没人买，这坚定了她不降价的决心。

她坚定地回复朱江洪：“不能降！天气太冷，降多少消费者都不会买！”

和朱江洪交谈之后董明珠才知道，全公司只有她一个人坚持不降价，朱江洪也有着很大的压力。但是董明珠有着堂·吉诃德的精神，她坚持自己的判断，冲着话筒说：“降价不对，这是头疼医脚。今年肯定还会热起来，如果公司有压力，可以请那些老客户为我们分忧，将产品分流，帮助我们渡过难关。”

相信这一席话对朱江洪总经理的触动很大。因为董明珠不但表明了她对市场的判断力，而且还提出了解决公司困境的办法，这已经超出一个业务员能够想到的问题。而且，董明珠是脱口而出，提出了解决公司困境的办法，可见董明珠的脑子里一直都是站在公司的角度考虑这些问题。

董明珠提出的办法很简单，但切实可行。她认为通过几年的合作，有些经销商是可靠的，有些经销商是不可靠的。格力可以把值得信赖的经销商列出来，然后把货分流到他们那儿去。

货分流下去了，但朱江洪和董明珠心头的压力仍然没有消除，因为天气一如既往地阴冷。这两个人其实在赌运气。

幸运的是，这两个人赌赢了。6 月 21 日，天气突然暴热，多日的阴雨天气终于消失了。

董明珠再一次预料到天气暴热后可能会发生的事情，她给朱江洪总理打电话："南京暴热，相信长江一线很快就会跟着热起来。武汉、重庆得赶紧发货。"

朱总说："跟他们打电话了。武汉那位业务员一听说还要给他们发货，好像听到什么可怕的事情，还一叠声说不要，说过道都堆满了空调。"

不过，朱江洪是个有远见的人，听了董明珠的建议，他不再理会武汉业务员的拒绝，加紧朝这个"九省通衢"之地发货。果然，三四天后，大火炉武汉、重庆也跟着暴热起来。武汉的业务员急得拼命打电话要货。

在这儿，我们可以明显地看出，同是业务员，武汉业务员同董明珠之间的差距。同时我们也就能明白，为什么董明珠能够从业务员做到总裁，而大多数的业务员，碌碌多年，仍然只是个业务员。他们不是输在了位置上，也可能不是输在能力上，而是输在了思维上。一个视野狭窄的人，无论如何，都不可能承担企业的重任。

毫无疑问，21 世纪将是属于那些具备超前思维的人。任何一个不能成功预测市场未来的企业领导，都将难以带领企业走上腾飞之路。而那些具备变在变之先思维的人们，都将如鱼得水，更好地适应这个急剧变化的时代。

英国的约翰·布朗尼也曾经用这种超前思维，“赌赢了”他的公司的未来。

1997 年，由于温室气体排放引起的全球气候变化使得能源公司处境日益尴尬。对于公司是否应该由此改变战略方向，BP 内部也经历了激烈的争论。布朗尼认为：“当这种可能性无法折中并被我们所在的社会严重关注的时候，我们 BP 必须做出选择。”他选择了将 BP 的未来定位到为更具有环保意识的方向，但随之而来的却是股价下跌。

最终这家公司吞下苦果了吗？也许你们会很失望，因为答案是“几乎没有”。到 2004 年，BP 总收入超过埃克森美孚和荷兰皇家壳牌集团，在《财富》全球企业 500 强排行榜上名列第二（仅次于沃尔玛）。按此排名，BP 成为世界上最大的能源公司。

同样具有预见性的企业领导是汤姆森公司的 CEO 里查德·哈林顿。汤姆森是一家总部位于加拿大多伦多的媒体公司。1997 年哈林顿走马上任时，公司在 7 个国家拥有 55 家报纸，经营得相当不错。但哈林顿却看到了报业繁荣背后的危机。他在董事会的全力支持下，将公司旗下的报纸、旅游和休闲业务剥离出去，而将公司转向为法律、教育、医疗和金融专业人士提供在线服务。如今，汤姆森公司兴旺繁荣，而像 Knight Ridder 这样的以经营报纸为主业的企业，仍在困境中挣扎。

这就是商业敏锐度的艺术，也是“变在变之先”企业应该具备的能力——将对外部格局的内部评估与知道如何赚钱的直觉结合在一起，然后执行战略达到期望的结果。“敏锐”这个词意味着头脑精明并具有感知的深度，尤其在处理实际问题上。像布朗尼和哈林顿这样的领导人，对商业实践有着高度的敏锐感。他们具有成功经理人常有的技能，包括领导企业取得高绩效的能力。这一点让他们显得卓尔不群，这就是他们能使企业获得高回报的神奇之处。

如果我们不吝啬自己的赞美之词的话，我们大可把董明珠和布朗尼及哈林顿相提并论。董明珠不断地在改变自己，改变游戏规则。正是通过这种不断地改变，格力在和经销商合作的过程中，牢牢掌握着主动权。一切都朝预料的方向发展。

让我们再来看看另一位中国的风云人物，海南航空的领导人陈峰是如何运用这种超前思维的。

1993 年海南航空刚刚成立的时候，遇到的第一个难题就是没有任何的飞行员。从买飞机到开航，准备时间不足 10 个月，但是海航的飞行员还是零。现培养来不及，海航便去招收退役的空军飞行员。陈峰请来原民航总局航行司副司长毕春芳和原空军某师副参谋长、国家特级飞行员黄守财，把两位已经退居二线的老同志请到海南岛担任选拔飞行员的任务。据说这一仗干得极漂亮。

如果事情仅仅如此，还不足以看出陈峰的眼力及魄力。但接下来的事情会让我们吃惊：海航起家的时候明明只有一架飞机，但却配备了足足 5 架飞机的队伍。在当时的人们看来，这简直就是不自量力，是疯狂的举动。在 1996 年的时候，培训一个飞行教员的费用是 2 万多美元。当时海南航空花了 50 万美元在澳洲培养了 17 个飞行教官，在当时对海航来说是一个重大的决定，因为海航的起家费用只有 1000 万元人民币。

这笔钱值不值呢？现在回头看，当时花出去的每一分钱都物超所值。因为如果飞行员不培训、不训练，飞机出现特情、险情的时候，飞行员根本就没能力处理。而且，到今天，海南航空已经有了上百架飞机。当初储备的 5 架飞机的队伍，现在早就远远不够用了。事实上，到今天，海航的储备飞行员已经达到了 700 多人，足够再引进 20 架飞机。

可以说，10 年前的陈峰已经看到了 10 年后海航的样子，正是如此，他才敢于在只有一架飞机时，就花大价钱培养大量的飞行员。他知道自己一定能够把海航做大，海航一定会有越来越多的飞机。他不仅考虑现在，还看到将来。

曾经有记者问董明珠，她公开讲了那么多关于营销的绝密内容，不怕别人学去吗？董明珠说不怕。她说："随着市场的发展和变化，我的观念和做法不可能按原来的套路继续进行，所以要不断创新发展，如果说别人能学走我的东西，也不过学习的是表面的东西。这么多年来，我始终坚持一种创新的思维方式去操作格力的营销环节，他们学不走我的思想。"

一番话，道出董明珠成功的真正原因。

第三章

坚守原则，一切都变得简单

1　主动要财权

一个人如果一辈子都没经受过挫折，就算不上成熟。企业也是这样，一个企业如果在发展的过程中，没有经历过几次危机事件，那它就无法壮大为可以经受任何风雨的大企业。只不过，有的企业在危机面前轰然倒塌，有的企业却能够渡过难关，继续发展。

格力在发展的过程中，也曾经历过严重的业务员“集体辞职”事件。幸运的是，格力因祸得福，不但渡过了危机，还因此得到了一员干将——董明珠。

20 世纪 90 年代初，市场经济还不成熟，各种企业中都弥漫着渠道为王的观念，认为只要有了销售渠道，企业就能做起来。因此，营销人员的地位被推崇得很高。这种观念，也严重地影响到了空调行业。

空调行业本来就竞争激烈，而且市场不规范，这就导致一些空调行业的领导人产生了错误的观念，认为一个企业的成功取决于某一些人，而不是整体的努力。有的企业更是把拓展市场理解为只要有营销人才就能生存，因而不惜代价、不择手段的进行“挖墙脚”活动，不断从其他企业、特别是对手那儿挖营销人才。这就使一些营销人员产生错觉，以为自己担负着企业的命运，于是自抬身价，目空一切。

中国人的思维里本来就有着英雄主义的因子，喜欢把成功的原因归结到一个人或几个人的身上，而忽视了更多在背后默默无闻地工作着的人们。而中国的企业开始注重团队意识，强调团队精神，还是近几年才有的事情。

朱江洪是一个有着长远目光的领导者，他早就觉察到格力的销售员提成比例过高，这严重影响到了其他人员的工作积极性。他认为企业的成功，是各部门密切配合、整体努力的结果。一个产品质量不过关的产品，一个售后服务不到位的产品，无论你销售人员能力多高，也不会有很大的市场。

源于这种想法，朱江洪决定缩减销售员的提成比例，到1994年将其下降到0.28%至0.38%。没想到，这个决定像一颗扔进销售人员里面的炸弹，立即引来了销售人员的反抗。也难怪，在那个渠道为王观念盛行的年代，还有人敢拿销售人员开刀，真算得上逆风而行了。

虽然说强调团队意识是正确的，但销售人员的看法也不能说就是错误的：产品质量好只是打开市场的必要条件，而不是充分条件。并不是质量好、品种新的产品就必然能畅销，没有营销人员的努力，“酒香不怕巷子深”在这个年代怕是不适用了。

这是两种思维观念的较量，确切地说，这是大视野与小视野的较量。朱江洪是站在企业整体协调发展的高度考虑问题，而销售人员是站在个人的利益高度考虑问题，冲突自然是在所难免。

格力公司的一位领导不久离开了格力，跳进了另外一家私营空调企业。他还带走了格力的两名财会人员，8名业务员。

格力业务员的集体辞职在业内产生了很大的震动，北京的一家报纸对此进行了大肆报道，格力内部一时乌云密布，人心浮动。

朱江洪以前把主要的精力都放在了产品质量和技术开发上，忽略了经营部。此事之后，他意识到企业中层干部队伍的建立和稳定的重要性。经营部留下的一大堆问题彻底暴露出管理上的缺陷和不足，中层干部中究竟有多少是称职的？既然问题首先出在经营部，那么干部队伍的建设也就首先要从经营部开始。朱江洪决定用民主选举的方式，从下面选拔合适人选。

民意测验出来了，董明珠脱颖而出，成为大家首选的对象。她从一个最基层的业务员一跃上升为了经营部部长。

无论从个人的利益还是从个人的性格来说，董明珠都无意做官。首先，经营部部长虽然“位高权重”，但却是个“清水衙门”，只有死工资和一点奖金，远不如她做业务员拿的提成多；其次，就她的本性来说，虽然有做事业的欲望，但没有做官的欲望。她不是一个贪求地位的人，她有更高的追求，这是一般人难以理解的。

董明珠接受这个烫手的职位，完全是一种责任感。她要向自己挑战，为企业，为信任她、支持她的那些人做出点事来。

任经营部长不久，董明珠就做出了一个超越常理的决定：她跑去找朱江洪要财权。这是一个非常大胆的举动，首先格力是一家国有企业，人事的决定都要通过高层领导集体表决，董明珠这个行为显得太张狂；其次，虽然中国人爱权力是众所周知的，但中国人搞权力都是背后进行，绝不会像董明珠这样明目张胆的要权。

董明珠有她的想法。这么明目张胆的要权，她也犹豫过。但她要权是为了整个公司营销的良性循环，不是为自己，也不是为了经营部一个部门的利益。

销售虽然只是公司全部工作的一个环节，但公司是个有机体，牵一发而动全身。她既然担任了经营部部长，开始整顿经营部，其他部门的问题自然而然也就被暴露了出来。她也是被逼无奈，不得不走此一招。

要财权是因为经营部和财务部的关系密切。经营部要求经销商先付款后发货，但客户究竟在公司账上有没有钱，有多少钱只有财务部才清楚。一些客户打了货款到格力却拿不到货，一些客户没有大款却拿到了货。有时经营部要发货了，开票员问这人有没有打钱过来，财务那边总是说："我们也不清楚，要查账才知道。"这样，无论经营部如何负责，财务部不配合，也是事倍功半，难以使经营部的工作正常运转。长此下去，只怕又要重蹈格力以前的管理现状，职责不清，工作混乱。这是董明珠绝对难以容忍的。

董明珠正式向朱江洪提出与经销商的财务往来最好交给经营部管，这有利于工作协调。

财务部副总心里不高兴，说："你把财务拿去，就没有监督了。"

董明珠当然知道她明目张胆地要权这件事有违常理，所以她早就想好如何才能让大家心平气和地接受她的建议，她说："大家都可以监督，随时监督。我提两个建议，第一，我只管钱的进、货的出，不管用钱。这样只有好处，没有坏处。第二，财务也可以不归我管，但每日经销商进出款必须要让财务部门随时告知经营部。"

朱江洪经过考虑，也为了平衡大家的情绪，采取了一个折中的方案，那就是划出财务部的一部分归董明珠管，也就是说，董明珠可以得到人员、职能和收款这部分的权力。

这个结局已经是很不容易了，朱江洪总经理作出这个决定，也是顶着很大的压力。要知道，在讨论会上，很多人一听说董明珠要权，立即就情绪爆发：

"董明珠伸手要权，不能给她！"

"董明珠是不是手伸得太长了！"

"这不都归她管了吗？犯了错误怎么办？"

其实，我们不能说这些人的想法就是故意和董明珠作对，或者故意给董明珠使绊子。按照中国人的惯性思维，主动要权确实是犯了大忌，何况董明珠她只是刚当上经营部部长不久。

但是，反过来说，中国的企业总是做不起来，不也正是因为这种惯性思维在作怪吗？人们总是习惯于循规蹈矩，不敢突破，不敢创新。靠“拿来主义”，在市场经济全球化的今天，我们又怎能占领先机，先发制人？

董明珠敢于如此冒大不韪，一是因为她的动机是为了企业；二也是她的个性使然。她本来就是一个不按常理出牌的人。事实上，也正是这种惯于打破常规，不断创新的风格，让董明珠带领着格力在发展的道路上登上一个又一个台阶，取得一个又一个骄人的成绩。

不管怎么说，董明珠获得了她想要的一部分财权。机会来之不易，董明珠慎重对待，力求利用这难得的权力开创格力经营工作的新局面。她和有关同事一起建立了一套循环监督机制：

计划受财务监督；

财务受开票员监督；

开票员受电脑统管监督；

电脑统管受计划监督。

制度建立之后，关键就看能不能真正实行了。好的制度如果没有强有力的执行力，仍然发挥不出其应有的效果。很多企业都有非常完美的规章制度，有的企业甚至不惜巨资请国外大型咨询公司帮忙设计制度，但最后仍难免走下坡路的结局，原因之一就是因为好的制度却没有得到有力的执行。不能坚守原则，太会变通，也是中国人的一大特点。这一特点让很多中国人特别自豪，但也是这一特点，让很多企业无法很好地贯彻规章制度，以至于虽然很多企业都确立了一个清晰的愿景，却总是事与愿违，无法实现。

董明珠是一个为了原则，可以“六亲不认”的人，所以当她强调“任何人不得以任何理由破坏以上机制”的时候，了解她的人就应该明白，谁敢破坏这个制度，谁就要倒霉了。

一切都在有序地进行。很快，一个合理的网络便形成了：财务说有钱才能发货，发货后开票员记账，开票单再输入电脑。这样财务往来多少钱都可以清清楚楚反映在账上，每天都可以从账上看到有多少钱，发了多少货。这样一来，董明珠随时都可以掌握格力的销售情况，任何业务员、经销商都不能再像以前那样钻空子了。

这当中最困难的是当天清账。以前就因为做不到当天清账，给公司带来了很大的损失。董明珠要求，经营部无论多晚都要当天清账，绝不能让当天的账过夜。一段时间以后，经营部的同事们就养成了习惯，当天的工作没完成，不管多晚都不会回家。

据董明珠介绍，自 1995 年 5 月以后，财务就再也没出现过混乱，也再没有应收款收不上来的现象。

在拖欠货款成风的今天，董明珠创造了一个“奇迹”。其实，当我们明白了个中情形，我们就会发现，创造这种奇迹，真的是简单得不能再简单的事。只要我们能够坚守原则，绝不破例，有什么奇迹我们不能创造？

春秋时代军事家孙武，有一天去见吴王阖闾，吴王问他能不能训练女兵，孙武说：“可以。”于是吴王便拨了 100 多位宫女给他。

孙武把宫女编成两队，用吴王最宠爱的两个妃子为队长，然后把一些军事的基本动作教给她们，并告诫她们要遵守军令，不可违背。不料孙武开始发令时，宫女们觉得好玩，都一个个笑了起来。孙武以为自己话没说清楚，便重复一遍，等第二次再发令，宫女们还是只顾嬉笑。这次孙武生气了，便下令把队长拖去斩首，理由是队长领导无方。吴王听说要斩他的爱妃，急忙向他求情，但是孙武说：“君王既然已经把她们交给我来训练，我就必须依照军队的规定来管理她们，任何人违犯了军令都该接受处分，这是没有例外的。”结果还是把队长给杀了。

宫女们见他说到做到，都吓得脸色发白。第三次发令，没有一个人敢再开玩笑了。

吴王对孙武的霸道非常生气，感觉孙武太不给他面子。孙武说："令行禁止、赏罚分明，这是兵家常法，为将治军的通则；用众以威，责吏从严，只有三军遵纪守法，听从号令，才能克敌制胜。"吴王听了孙武的解释，怒气消散，便弃斩妃之恨，拜孙武为将军。

孙武算是比较幸运的，因为他碰到了一个还算能够理解他的吴王，所以他的坚守原则得到了回报，被授封为大将军。董明珠也算是比较幸运的，因为她的"要权"得到了朱江洪的理解，于是她能够按照自己的原则办事。

可是，创造奇迹，难也就难在能否对原则的一贯坚持。让一个人做件好事非常容易，哪怕是十恶不赦的坏蛋，也能够偶尔的做件好事。可要是让一个人一辈子都在做好事，那就非常艰难了。所以，古代能够成为圣人的人，不一定是因为他的思想深刻，或者他的智商比我们高。之所以能够成为圣人，是因为他们能够在任何情况，任何环境下都坚持自己的理念，并锲而不舍地身体力行。

就像董明珠所说，她能够创造这个"奇迹"，其实很简单：不交钱不发货，只要认真坚持下来，就不会有什么拖欠。

董明珠坚守原则，她创造了个人的奇迹。格力在她的带领下，坚守原则，也在行业内创造了奇迹。所以，当记者询问格力与其他国有企业相比，最大的区别是什么时，董明珠回答："最大的不同就是我们在经营中，坚持原则，没有私利，把国企当做自己的企业来做。不可否认，体制会影响到企业的持续发展，但如果经营者有一个好的心态，不管企业是国有还是私有，都把它做好，体制就不再是问题，也就不会影响经营。"

2 公司利益高于一切

每个人在世上都有一个追求的目标。有的人是为了钱活着，有的人则追求精神的快乐，还有的人为名，有的人为权，不一而足。

不管是为名还是为利，都没有错。如果说有错，那也是因为这些人在追求目标的过程中，采取了不正当的手段。

董明珠的人生目标似乎更加超然，她既不为名也不为利，她只是觉得，人活着，就要做一点有意义的事业。也许正是因为这种人生目标的不同，才使她看起来那么另类，那么超然。

这恐怕也是董明珠能够始终把公司利益放到第一位的原因。对董明珠而言，如果只是想搞钱，她做销售员的时候，每年有那么大的销售量，只要稍微有点私心、做一点小手脚，而且并不违法，数量就相当大了。

在董明珠看来，人不是赚钱的机器，人应当有自己的事业心，青史留名谈不上，但留下一个好口碑，搞好一个企业，还是她力所能及的。

谁能说董明珠的野心不大？在赚钱和口碑之间，哪个更容易做到？显然是赚钱。每个朝代，每个时代，都会有许许多多的大商人出现。可不是每个时代都能出现值得被人们记住、怀念的人。

儒家说人生应追求“三不朽”，即“立功立德立言”，简单说就是一个人在社会上努力奋斗而留下的可供后人怀念的痕迹。“立功”就是建功立业，“立德”就是成为道德楷模，“立言”就是留下深邃的思想言论。董明珠自己承认，“立德”“立言”她不敢奢望，但“立功”她却是可以追求的。

其实，这个世上，就是能够做到立功的人，又有几个？就是敢于想一下去追求这“三立”的人，又能有几个？要知道，这三不朽要是都做到了，那就是“圣人”了。

所以说，格力能得到董明珠，是格力的幸运。在这个大家都在为钱疯狂的年代，董明珠给我们带来了另一种人生态度。如果我们的国家，我们的企业多几个像董明珠这样的人，何愁国家不能富强，企业不能腾飞？

但是，要做到像董明珠那样，又谈何容易。董明珠坚持“公司利益高于一切”的原则，又付出了多少的代价！

1995年，董明珠刚当上部长不久，非格力会员的经销商要想从格力拿到货，不大容易。有个经销商打听到董明珠有个哥哥，就找到他，承诺只要他能帮助拿到货，就给他2%的提成。这是一个很大的诱惑力，因为这个经销商一要货就是上百万。董明珠的哥哥只要打个电话，就可以得到几万块钱。

董明珠面临着考验，当然，压力来自她做人的原则。要知道，她即使帮了哥哥这个忙，也并不违法。因为卖给谁都是卖，又是同等价格，只要不降价，她就没有违反公司的制度，对她来说，这不过是个顺水人情的事情。可是，董明珠自己不允许自己这么做，她有她的做人原则。

当哥哥打来电话说要到她家来要货的时候，董明珠拒绝了。她不光拒绝了哥哥的要求，还一转身又给这个经销商打了电话，说：“从今天开始停止供你的货。”

经销商问：“为什么？”

董明珠说：“你不是找我哥哥吗？你让他给你拿货，所以我现在决定停止给你供货。”

不管谁碰到这样的事情，都会觉得这是个怪女人。即使不同意，也不用停止给对方的供货啊。可谁让她是董明珠呢，这个为了原则可以不顾亲情的女人。

这件事伤透了哥哥的心，十几年来，他都不再理睬这个倔犟的“六亲不认”的妹妹。这件事确实对他损失很大，如果他帮经销商提一个亿回去，当年就可以拿到两三百万，是个天文数字。

董明珠对这件事很坦然，即使到现在，她仍然觉得自己不后悔当初的决定。她认为没有这样的牺牲，就不会有今天格力这样的一个品牌。抛开私人的利益，她这么做是值得的。

为了公司利益，董明珠不仅不顾兄妹之情，即使自身的利益，她也放弃了许多。当初做业务员时，刚刚打开安徽市场，就接到朱江洪的命令，要她接手江苏市场。她曾经犹豫过。

首先，安徽市场还有很大的潜力可挖，而且，她打开安徽市场也不是一件容易的事，并且已经跟安徽市场的经销商们有了感情。再说，让她同时负责安徽市场和江苏市场，她的精力有限，难以两面顾全。

其次，从同事这方面来说，她如果接受了江苏市场，对同事也会造成相当的伤害。不管怎么说，江苏的市场再差，当时一年也有 300 万元销售额，按照公司 1% 提成的制度，她这一接手，就是抢了别人一年 3 万元的收入。她虽然性格外向、坚强，但骨子里毕竟有中庸传统的一面，无法坦然面对因为自己接手而令同事丢掉饭碗的事实，这给她带来很大的精神压力。

可是，从公司的角度来说，她又必须义不容辞地去承担这个责任。因为当时格力空调在江苏的销售非常不好。那一年，格力在安徽的销售额达到了 1200 多万元，而江苏却只有 300 多万元。可以说，格力空调根本就没有打入江苏市场。江苏可是一块富饶之地，如此的销售额，实在可惜。

想来想去，为了公司的利益，董明珠接受了领导的安排。不过，她也折中了一下，那就是只接手南京市场，江苏其他地区还是留给原来的同事，这样也能给同事一个机会。

可惜的是，这位同事没能把握住机会。1993 年，他在苏南地区的销售额连 1000 万元不到（虽然跟 300 万元相比，已经进步不少），而且 80% 是在南京卖掉的。而董明珠光这一年就在南京卖掉了 3650 万元。再加上这位业务员职业道德太差，为了私人利益败坏公司的信誉，在年底就被炒掉了。

原因是这样的。经过董明珠的努力，格力在南京市场迅速打出了名气，这位苏南地区的业务员看到有机会可用，便悄悄跑回省会开了个店，将产品倒流回省会卖，且先发货后付款，按公司供应价加 3 个百分点。最后因为客户要货太多，这位业务员供应不及，经销商找来找去，把电话打到了董明珠这儿，这位业务员的“聪明”行为才算暴露。

人与人之间能力的差距其实是可以通过勤奋努力缩小的，可如果一个人的思想境界上不去，就很难成就大事了。而且，一个思想境界不高的人，业务能力越强，破坏性也就越大。

像这位被开除的业务员，估计脑子也挺聪明，可惜他只考虑如何往自己的腰包里赚钱了，完全忽视了企业的利益，最后什么都没得到。

和董明珠的思想境界相比，这位业务员实在是差得太远。1994 年，董明珠把辛辛苦苦打下来的安徽市场交了出来，专心做江苏市场。有人说她傻，把自己的工作成果让给别人去分享。可是董明珠不这样想，她觉得，从局部考虑，由于江苏比较富裕，市场潜力比安徽要大得多；从全局、从公司的整个前景考虑，格力空调要想在全国打响品牌，若白白放弃江苏市场太可惜了。

祸不见得是祸，福也不见得是福，关键还要看你从什么角度思考问题。假如董明珠像很多人考虑得那样，为了自己的利益，牢牢守住安徽市场不放，可能到今天她仍然只是一个业务员。假如那位被开除的业务员不为了自己的一点小利而破坏公司制度，能够专心地把精力和聪明劲都放在开辟江苏市场上，他也不见得落得个被开除的结局。一切都源于人生目标的差距。

“舍得”是一个很有意思的词语，用辩证的态度来看，这个词语告诉我们的，是没有舍就没有得，要先舍才会有得。

董明珠舍掉了自身的利益，可她却得到了更大的人生舞台。如果没有她在南京的骄人成绩，她就不会被大家推举为经营部的部长。如果她不是再一次舍弃自身利益，在“业务员辞职”事件后毅然接受了经营部这个烂摊子，她就不会有以后更大的舞台——2001年，她成为格力股份有限公司的总经理。

当初，任经营部部长之前，董明珠也面临着两个选择。那个挖走格力大批业务骨干的公司老板点名要董明珠，并开出了丰厚的条件。如果董明珠仅仅是一个业务员，或者说如果董明珠仅仅具备一个业务员的思维水平，她肯定会选择这家公司，世上有谁会跟钱过不去？

问题是董明珠的人生观已经超越了钱的层次，从进入格力那一天起，她就总是站在格力总体利益而不仅仅是一个销售员的立场考虑问题。在小利益与大立场面前，她再一次选择了格力，并带领着这个管理还不成熟的企业慢慢走上成熟的轨道。

现在有很多的管理专家和企业都在讨论，企业的核心竞争力到底是什么？是产品，技术，还是曾经被人们推崇过的渠道，或者是企业文化？

我认为，企业真正的核心竞争力是一种精神，是董明珠这种公司利益高于一切的大局精神。技术落后，我们可以学习；产品质量不过关，我们可以改进；销售渠道不完善，我们可以努力使之变得完善。可如果我们没有一种精神，一种为公司付出的精神，我们又如何去努力，又如何能够努力？

韩国、日本为什么经济比我们发达？因为他们的员工都把公司当做自己的家来爱护。他们并不认为为公司多做点事就是损失，相反，如果他们能够多为公司做点奉献，他们会非常高兴。在他们的意识里，公司这个“大家”好了，他们个人的小家才会跟着好起来。反观我们身边的一些人，只要牵涉到利益的事情，一切都以自己为目标，能多拿就多拿，能少干就少干。这种工作态度，工作精神，怎么可能把我们的企业做大、做强？

有谁能够在5000万元年薪的面前经得住诱惑？董明珠能。2003年，一家民营企业老板以5000万元的年薪来挖董明珠，被她一口回绝。她的理由很简单：“我每年至少得为你挣回5000万元，甚至更多。”这显然不是董明珠拒绝对方的真正原因，以她的能力，每年为公司创造高于5000万元的利润轻松有余。她之所以拒绝对方，是因为她有着更高的企业家精神，在她的思维里，做企业不仅仅是赚钱，还有着不容推却的社会责任。

为了公司利益，董明珠何尝只是放弃了自身的利益。她一次又一次地把自己推到众人面前，成为众矢之的，以致获得了“这个女人太厉害，她走过的路连草都不长”的恶名，这其中所背负的压力，又有几个人能够真正明白？

刚当上经营部长，她就处理了一个极端妨碍工作而此前大家都不敢动的人，令大家倒吸了一口冷气。

当时董明珠面对的是很复杂的人事关系，因为经营部里面有很多人都是通过老总的关系进来的，即使分管的领导也不敢去碰这些人。董明珠不管这些，她不光想要整顿这些人，还专门找硬钉子碰，那个被处理的员工不巧碰上了她这把已经举起来的刀，就只能自认倒霉了。

实际上，董明珠当时完全可以放这个员工一马，问题是她正想找人开刀，所以也就没得商量了。

这个员工在工作中做一个计划，要开票，董明珠核查后发现居然几百万的货发出去账对不上号。董明珠抓到了证据，就狠狠地处罚他，对其通报批评，降薪留职。

没想到，第二天董明珠就倒霉了。楼上来电话让她上去，问她："你究竟有多大的权力，这个人又要罚款还要扣工资？"董明珠既然已经做了，就不会退让，何况她还站在正确的一面。她跟领导说："请问他把企业的500万元搞走了，我扣他一级工资100块钱算多吗？如果我权力大了我就把他开除了。"

董明珠知道这个员工肯定是通过家属的关系找到了这个领导，用她的话说就是"太太床头风一吹问题就来了"。

老总被搞得有点无奈，只好说你给罚一下款警告一下就行了。没想到董明珠软硬不吃，反而更加直率地告诉这位老总，就是因为这个人跟你的关系，我才会处理他。要是站在个人的角度，大家都是同事，我完全可以视若无睹，做一个好人。但是站在企业的角度我必须处理他，因为这不光关系到他个人的问题，还牵涉到你的形象。

老总听后无话可说，只好不了了之。董明珠本以为这件事也就这么过去了，没想到管人事的老总又把她叫了过去，告诉她以后在工作上要注意一点，人事关系的工作不能急，要慢慢来。

董明珠的耿直性情又显露出来了，她直接反问负责人事的老总："如果我为了搞好关系，而导致企业不能良好发展，以至于企业损失了几百万，你认为我是搞好关系好呢还是坚持原则好？"

管人事的老总看董明珠如此倔犟，只好暗示她，如此下去，会对她的职位有影响。这显然对董明珠没有威胁，因为董明珠做这个经营部长，就不是冲着钱来的。她之所以接受这个职位，是想做一番事业，如果做不成事业，还不如她当营销员赚钱多呢。

不管怎么说，这件事对董明珠的影响还是很大的。她事后总结了一下前任部长为什么搞不好的原因，就是因为老是这样眼观六路、耳听八方，平时不是想着怎么严肃纪律，而是想着如何不得罪别人，如何让领导说自己的好话。

通过这次“杀鸡儆猴”，董明珠达到了她的目的。现在所有的员工都知道她的厉害了，经营部的工作作风很快就焕然一新。

1996 年，董明珠又接手了管理广告公司，这又让她得罪了一批人。当时公司的广告业务账目不清，虚报多报，收受回扣的情况非常严重。一句话，大家都在想办法把企业的钱、国家的钱想办法往自己兜里放。

董明珠经过调查了解，着手开始了她的“整风行动”。该堵的漏洞一律堵住，该节流的地方一律节流，并招标式地选择合作对象，进行广告策划和宣传。这无疑触犯了某些人的利益。对于广告商来说以前很容易就能赚到大钱，现在却很难，只能靠做好服务来赚取应有的利润。因此这些遭受“损失”的人在背后说尽了董明珠的坏话。

董明珠可不管这些人对她的评价。为了公司利益可以放弃自身利益的她，又怎么能容忍这些人对企业的贪婪。而且，既然她做的都是对企业有利的事情，没有愧对任何一个人，她就不应该被这些贪婪的人吓倒。

董明珠很清楚，既然她负责了这一块业务，她就应该好好运用自己的权力，去维护好企业的利益。她无法看着企业受损而无动于衷，这不是她的性格。

重新选择广告商时，许多广告公司闻风而动，每天都有一二十家广告商来找董明珠。有的明目张胆地说：“只要你跟我们合作，什么条件都可以满足。”董明珠感到好笑，这些人太不了解她了。即使真需要钱，她凭能力赚的也比这点回扣多得多。对这些喜欢玩“潜规则”的广告商，董明珠一律将之拒之门外。

有人不理解，问董明珠：“格力是国企，又不是你自己的，何必那么较真?”

这些人哪里能够理解，董明珠最痛恨的，就是那些缺乏良心和责任感的人，只考虑个人利益。她掌管着格力的市场销售，直接面对全国成百上千个销售商，以及各种销售政策的制订和执行，每年数十亿元的货款的往来都在她手中的一支笔上，只要她心灵的天平稍稍倾斜一下，也许大把的好处就来了。但是在这一点上，她让所有的经销商失望了。刚开始时，格力的经销商都想讨好这位“财神”，或要点政策，或拖欠一下货款，打着各自的算盘来找她。常常想方设法送钱送物给她，但她对此不是婉拒，就是当面叫财务人员把这些钱物拿走，一点面子都不给。事后，销售政策该怎么执行还怎么执行。董明珠对她的经销商说：“你们不要来对付我了，全心全意去对付市场吧，这样格力的销售才能真正做好。”奇怪的是，碰了钉子的经销商不但不气恼，反而对她更为信任，她制订的每一条销售政策都能得到彻底执行。厂商一条心，将格力的市场打得红红火火。

在董明珠看来，一个领导者，如果连自己都无法做到身正，还想领导别人，那是非常可笑的。领导者只有大公无私，态度坚定，才能成为下属的好标杆，好榜样。如果坐在领导的位置上，只关心自己的乌纱帽，处理事情时就难免瞻前顾后，考虑各种人际关系。而当维护了一小部分人的私利时，自然就会有大部分人的正当利益受到损害。董明珠眼睛里不揉沙子，得罪一些人也是意料之中的。

“奉献”这个词现在很少有企业再谈了，现在的人们更喜欢用“共赢”这个词。有一位管理学家曾说过，如果一个新员工到了你的公司，你与其开口闭口跟他谈无私奉献、高尚品质，还不如明确地告诉他：希望你能在本公司全力地工作，也希望哪一天你离开的时候，你能把我们公司的优点带走。这句话说得很实际，事实上，也很符合现代人的思维。

一个理性的企业，不会要求自己的员工做无私的奉献。公司和员工之间，是利益共同体，任何一方的利益受到损害，都会影响到另一方。像董明珠这样可以为了企业无私奉献自己的人，现实中太难做到了。也许，恰恰是因为太难，才使董明珠有了一种特殊的魅力。

3　不只是规范，更要模范

一个追求“立功”的人，能够在工作中和生活中严格要求自己，作为旁观者我们能够理解。但如果这种对自己的严格影响到了别人的利益，我们是否还能够一如既往地理解对方这种严于律己、严于律人的作风呢？

如果董明珠仅仅是一个待在普通职位上的员工，她也许不会遇到那么多的诘难与麻烦。问题是，她是一个权力不大也不小的领导，她既然要严格要求自己，就不可避免会影响到别人的利益。

1996 年，董明珠任职销售公司经理。地位又高了一点，权力又大了一点，但董明珠对经销商的态度仍然是一视同仁。或者说，她的做事原则，并没有随着权力的增加而改变。

1996 销售年度结束时，评选优秀经销商，华东一家公司滑到了十强之外，此前他们已连续三年名列前茅。格力对优秀经销商有很大奖励，这家公司经理找到董明珠，希望能把江苏另外一家的业绩划到他们名下，这样既不算作弊，也能继续让他们进入十强。他们也不是完全为了奖励才这么做，他们想保持自己在同行中的面子。

董明珠与这家公司有着不一般的关系。当年她在江苏开拓市场时，与这家公司的合作一直很愉快，个人之间感情也不错。但是，为了公司利益，董明珠把她的亲哥哥都拒之门外，现在她又怎么可能为这家公司大开方便之门？虽然从个人感情来说，她也很希望这家公司能够进入“十强”，可作为企业管理者，她必须抛弃个人感情。格力要想发展壮大，一切都必须严格遵守规章制度，一旦开了先例，再想堵上就难了。

董明珠一口拒绝了这位总经理的要求。

这位总经理气愤不已，扬言要找朱江洪告状，朱江洪不行再找董事长。所有知道这件事的人都以为董明珠有什么经济把柄在对方手里，只有董明珠知道自己一身坦荡，无须畏惧。这件事最终不了了之。

大气的董明珠不仅要规范，她还要模范。她决不会因为对方要告她就心存芥蒂，对之另眼相待。一来她对这位经销商比较了解，也比较信任，站在公司的角度，她不想失去这位合作伙伴；二来她也想通过这件事让更多的经销商知道，要想得到自己想要的东西，就要遵守格力的规章制度，靠实力获得。

无论是商场还是战场，也只有大气度、大胸怀的人才能做到这一点。董明珠不理会对方对她的不满，耐心地给他们做工作，分析他们在经营上的空白点，并建议他们加大网络开发力度，建立零售市场网络，改变伸手向人要的坏毛病。

董明珠的努力取得了效果，1998 年，这家公司再次进入前十强，夙愿得尝。

其实，董明珠自上任伊始，就不断以自己的行为带动着大家，让大家明白，她不是只对别人严厉，对自己，她也同样严格要求。

她刚当上部长的时候，一天早上，在家中关闭窗户，不小心滑倒在浴缸上，疼得站不起来。这正是她的工作要进一步深入下去，恨不得一天当两天用的时候。这时候要是躺在家里养病，以她的性格，比杀了她还难受。

董明珠的心情因为这一跤而变得非常糟糕，她只得安慰自己，“天将降大任于斯人也，必先苦其心志……”也许，这是老天爷在给她一个更大、更严峻的考验。

本来，董明珠现在就处在一个很微妙的处境。通过对经营部一个多月的整顿，同事们看到那个原来温柔随和的董明珠现在一下子变得严厉和不讲情面了，都觉得很不舒服，甚至还有人等着看她的笑话呢。如果她现在因为此事不去上班，说不定经营部又会回到以前的状态，那样她就白辛苦一场了。

性格倔犟的董明珠坚持正常上班。没想到，那些让她放心不下的同事们看到她带病上班，纷纷帮她端茶倒水、揉捏按摩，并劝她去医院看看。一向坚强的董明珠看到同事们这么关心她，也禁不住流下了泪水。原来她怕同事们对她上台之后的强硬作风不理解，所以她才带病上班。一来避免对经营部的整顿工作半途而废；二来她还有好多的计划要逐件实施，她不想因病耽误工作。

董明珠本来就好强，现在得到了同事们的理解，心情一高兴，就更不把病当做一回事了。没想到，过了几天，疼痛不但没有减小，反而越来越厉害了，最后连上床睡觉都感觉困难。

朱江洪听说了这件事，直接来到经营部，让经营部的同事们抬也要把董明珠抬到医院去。到了医院拍完片大家才知道，董明珠这一跤摔得可不轻——她折断了一根肋骨。

一听说断了肋骨，还要住院，董明珠比谁都着急。她不是着急自己的病，而是着急自己刚刚进行的改革。万一她卧床休息了，这刚点了一把火的改革一旦冷却，再想烧起来可就难了。想到这儿，董明珠无论如何不肯住院。她必须到公司去，要不然她心里不踏实。

最终董明珠还是在医院待了几天，疼痛稍微一减轻，她就打着绑带上班了。那一段时间，是她一生中罕见的忙碌的日子，每天除了工作还是工作。夜深人静躺在床上，脑子里也老在想着工作的事情，一有什么好点子，不管多晚，都爬起来把它写在纸上。

董明珠就这样用自己的行动验证着她的理念，影响着周围的同事们。不管多大的摊子，只要董明珠接手，就能够迅速使之变得规范，秘诀就是她只按原则办事。这在西方人看来也许是件很普通平常的事情，但在中国这个强调人情的社会，要做到这一点，何其艰难。

林子大了什么鸟都有。商场尤其如此，为了利益，大家可以无所不用其极，虚假广告，无法兑现的售后服务等等，无不影响着空调行业的健康发展。因此，格力要想发展，就不但要保证自己的规范，还要成为行业的模范。只有大家都走上了规范，整个行业才能健康发展。

格力无法规范行业，但它可以用自己的努力去影响行业。方法很简单，当消费者都能认同格力的产品、购买格力的产品时，那些质量不过关、服务不到位的空调制造商就不得不向格力学习，不然他们的产品就卖不出去。

要想做到这一点并不容易，格力还是做到了。用专业的精神，共赢的原则，对消费者负责的态度，格力踏踏实实一步一个脚印，发展成为了中国空调的第一品牌，也成为了空调经销商的首选品牌。

据董明珠透露，格力的小金系列产品，实际是亏损经营的，受益的是消费者。格力之所以如此做，并非是打价格战，而是想通过自己的行动来纠正市场上的一些不规范现象。像市场上的一些产品只卖1000块钱，甚至打出999元的牌子，这些产品看上去便宜，但买回去之后可能就是一个废品。为了行业的健康发展，格力必须要用自己的行动去改变消费者的购买观念，让他们在实践中领会到品牌的力量，这就是为什么格力会赔本卖小金系列产品的原因。

对格力来说，虽然它们的某些产品亏损经营，但如果能够通过这种行为让空调市场进入到规范状态，还是值得的。而且，它们还可以利用一些高端产品的利润，来回补那些亏损经营的产品。

在经销商的眼睛里，选择格力，虽然不能得到暴利，但却能够稳稳当当地永久赚钱，这恐怕要比赚一笔钱就走更让人心动。

有一位经销商，几乎见证了中国空调制造业、销售业从初兴到繁荣的整个过程。13 年前，当她开始销售进口空调产品时，格力空调还只是一个名不见经传的“小字号”空调。从 1994 年到 2003 年这 10 年间，她从卖进口空调到卖国产空调，又从什么空调都卖转向专卖格力空调，最高峰时候卖过 14 种品牌的形形色色的空调产品。

她感到自己就像拿着遥控器不断走马灯似地调换电视频道——她亲眼看着许多空调被大浪淘沙冲得无影无踪，见识了那些许愿高回报却不断让自己掏空腰包维修、丢失经销商信誉的空调厂家的虚伪和无能，在这期间，那个一直默默无闻的名叫“格力”的空调始终忠实地跟随着她，无论风吹雨打这个品牌都能给她连续不断的、稳定的销售回报——不是最高的但却是最稳的，而且令她难以置信的是，这个产品几乎没有什么返修。最让她感动的是，这个品牌的两位掌舵人每年至少要轮流到她的小店里看望她一次。

这位经销商意识到中国空调业在多年的征战之后已经有了自己的领军者，还知道自己终于找到了一个可以让她将一生的心血托付的对象了。

这就是格力在经销商眼中的印象，它已经不仅仅是能够给经销商带来利润的一家空调制造商，它还是空调行业的领军者。它是模范，产品质量保证的模范，售后服务到位的模范，口碑良好的模范。

山东海阳也有一家经销商，1998 年开始经销格力空调。当时，格力电器已经是与他家乡的“海尔”、“海信”和“奥柯玛”同样声名显赫的中国著名品牌，这使他在比较容易确定主打的空调品牌时遇到一个不得不面对的难题——他所在的是一个距离本地空调品牌出生地只有 100 多公里的县级市，格力空调怎么能够在仅有 67 万人口的海阳冲出本地品牌的包围圈？

如果格力空调没有在品牌间竞争中获胜的十足把握，这位经销商的选择将会是一个巨大的失误。格力空调在竞争中落败的风险增加一分，投资的风险就会上升十倍，甚至是惨败。要知道，格力空调可是自己先拿真金白银买回来再销售的。

1998 年，这位经销商投入 17 万元租用了 100 平方米的一间商铺，尝试着经销以格力空调为主的空调产品。第二年，销售额增加了 40%。到 2005 年的 5 年时间内，每年的销售额都大幅增长。

他到底是怎么样让格力空调脱颖而出呢？

“我的专卖店每一个员工都是格力空调的‘专家’。”这位经销商非常自豪地说。

“我们经常组织员工进行从推销到安装所有环节的实战演练。不仅把格力空调与其他产品的独特优势介绍给消费者、帮助他们选购合适产品，而且要在安装上设计好布点、推行清洁安装，安装后跟踪服务等。”

“每年春节期间，专卖店还在所在社区举办大规模的文艺演出活动。就连市领导都出席了我们组织的群众性文化活动。我们卖的不只是格力空调，更是格力文化，是让每一位消费者放心、安心、欢心的文化。”

当格力专注于打造百年企业，潜心构筑百年经营的渠道时，即使它自己不想做模范，高于别人的视野与目标，也自然而然地让它成为了行业的模范。

在大力推进专卖店的同时，格力电器清楚地看到了一种发展格局，从制造业的角度看，格力电器需要专注于打造百年企业，就需要有具有持久生命力的百年经营的流通渠道相匹配；而从商业流通领域看，虽然国内出现了国美、苏宁等一批超级大卖场，但还没有出现一个真正能够致力于百年经营的经销渠道与格力电器相匹配。

这一点不仅可以从销售量获得答案，而且更可以从合作结果找到症结。从2005年财务年报分析，国美、苏宁两大卖场的总销售量只有60亿元左右，只相当于格力电器销售量的1/3；两大卖场的主营业务收入远远不及他们从制造商那里获得的进场、广告等费用。

这种价值观的差异引发了2004年格力与国美分道扬镳，而这个插曲更加坚定了格力空调构建同属于一个管理、文化和品牌体系的营销同盟。董明珠就明确地告诉专卖店的投资者们，“格力空调是永远的选择”。因为在这个营销体系内，制造商和经销商都有一个共同的价值取向——共同做一个有持久生命力的国际品牌，董明珠说：“不是为了赚钱去干一件事，而是为了做好一件事再去赚钱。”

这虽然看起来有点像柏拉图在《理想国》中描绘的境界，人人都为着同一个理想分工建设一个强大的民主国家，但是在格力电器所营造的体系内，有一个强大的经济基础在支撑着，这就是朱江洪所说的：“今后我们要求专卖店占整个总量的60%～70%，年销售额超过300亿元。这样算来每个店销量大，销量大就可以维持店的正常费用并产生合理利润。”

格力电器向销售渠道注入资金的时候就是以它的专业精神塑造营销网络的时候。在制造商怀有一种甘愿吃亏的精神去追求“好空调，格力造”的时候，一流的质量、技术和服务就是必然的结果。对于经销商来说，就是不要抱着投机心理急功近利，而是以更加专业化、标准化、系统化、信息化的手段把制造商的文化传递到市场。

朱江洪还对专卖店的发展提出了“统一性、连锁性和关联性”要求，核心就是统一以格力文化作为标准化服务的依据扩大经营规模。而董明珠更明确地要求全国专卖店都要走向“4S”店并且实行统一的考核。这些要求与措施明白无误地发出一个信号，区域性销售公司和专卖店都承担了格力电器从制造业品牌向商业领域延伸的责任。

"我们要做好我们的专卖事业就一定要造就优秀的文化。为了打造格力专卖店的优秀文化必须建立一套完整的，行之有效的，适应市场发展的规章制度。没有规矩就没有方圆。"这就是朱江洪对格力文化向销售业延伸的认识逻辑。

不只要格力规范，还要行业规范，所以朱江洪在专卖店的管理、文化和品牌建设上提出了"五个模范"说——稳定价格的模范、售后服务的模范、遵守规章制度的模范、诚信经营的模范和宣传格力品牌的模范。

格力电器正在把自己的文化灌输到商界，让他们与格力人一样思考和做事。这其中，我们不难猜测，董明珠起到了多大的影响和作用。

现在，格力已经走出国门，向世界品牌冲锋。在冲向世界的过程中，格力再一次用它的行动，表现了模范的风范。

如同董明珠所说，国际化道路其实很艰难，不是像有些人所想的那么简单，跟外国人一合资就走出去了。格力"走出去"做自己的品牌，在巴西建厂已有五年的时间，过程非常艰辛，前两三年都在那里交学费，因为对其他国家的法律法规，包括一些政策、文化、环境都不适应。但为了坚持"走出去"打造中国的品牌，格力坚持了下来。

目前，格力开始在国际市场建立自己的销售网络，先有市场，再有工厂，这是格力的经营思路。格力不光是要赚钱，它还要在国际上树立自己的品牌。

董明珠在接受记者采访的时候强调，中国空调在美国、欧洲都有销售，但很多产品不是打自己的牌子，而是贴牌。我认为贴牌只是一条路，但不是最终的路。格力希望通过自己的努力，让世界认可我们，创造一个品牌，长中国人的志气。

4　一切困难都是纸老虎

“只要你坚持一个正义的东西，你就能够成功，这是我走过的路总结出来的。我们也进行了很多博弈，可以说正义和邪恶的较量，很多人是既得利益者，如果利益被剥夺，他跟你就是生与死的较量。一年之后，因为我这个部门管理得很好，就将售后广告全部给我管，这时我提升为销售公司的总经理，这是 1996 年。1997 年我当了副总，2001 年我当了企业的总经理，这几年我们进行了不断的收购，企业不断地扩展。我当时接手的时候，4 亿，空调卖的很贵，而现在可能降了一倍还不止。我们现在虽然做到 182 亿，但是跟当时的价格对比，可能我们现在应该是三四百亿，而且当时我们的销售，一年就是几万台。我记得 1994 年接手的时候，讲起来我们大概有 20 万台、十几万台，但是大部分都是窗机。到去年 2005 年，我们已经突破 1000 多万台大关，今年按照 30% 的速度在增长。”

这是董明珠在一次接受采访时说的话，话里不但流露出成功者的自豪，还表现出了一种笑傲江湖的霸气。

毛泽东曾说，一切反动派都是纸老虎。看起来反动派的样子非常可怕，但实际上并没有什么了不起的，从长远观点来看，真正具备强大力量的，不是反动派，而是人民。

也许，这句话同样可以用来形容董明珠在格力这么多年所遇到的各种困难。对董明珠而言，一切困难也都是纸老虎，只要敢于面对，没有什么解决不了的。

1995年，海南省某市一家劳动培训中心起火，说是源于格力空调的质量事故，要打官司索赔。当时是空调销售旺季，格力公司有人怕事，也是图省事，就花了32万元私下解决了。而且，双方所拟的赔偿协议，第一条就承认失火责任在格力电器。

此时的董明珠还只是经营部长，无权插手此事。否则，以她的性格，肯定会要求公开处理此事，是谁的责任，就由谁来负担。董明珠看到公司如此“窝囊”地把此事给处理了，只能自己生闷气。

第二年，也就是1996年，海南的这家中心再次起火，并且索赔金额上升到100万元。公司开会研究解决办法，这种问题要是处理不好，会严重影响格力空调在市场上的声誉，要是再引起媒体的关注，那可能会直接影响格力空调的销售。

去年处理此事的负责人根本不敢再接手这种麻烦事，说“那家伙太难缠了，不赔款看来是过不去了”。其他一些人也跟着附和。毕竟，现在正是空调销售的旺季，事情要是闹大了，会直接影响格力的品牌形象和今年的销售量。

董明珠去年就为这件事憋了一肚子气，没想到今年对方又玩这种花招，她的火一下子就上来了。现在，她可正好管这一摊子了。

董明珠力主打官司：“我们必须先调查再做决定，是我们的问题，那我们就诚心诚意赔人家。如果不是我们的问题，而是对方有意讹钱，我们一分钱都不能给！对方去年失了一次火，今年又失火，要是我们再赔钱，说不定他们明年还要失火！”

董明珠说的话有道理，公司决定让她全权处理这件事情。

董明珠派了几个人结伴而去，防止对方捣鬼，并且天天和他们通电话。派去的人拍照片，翻图纸，看现场，查消防队的记录，一番折腾，最后格力电器一分钱都没有赔。对方明明是在讹钱，果然，之后这家中心就再没失火了。

还有一次，四川一娱乐场所起火，说是格力空调的原因，公安封锁现场坚决不让格力的人进去，董明珠设法派人进入现场，拍到了宝贵的证据：空调只是面板掉下来，遥控还可以制冷，最后轻松摆脱一场诬陷。

毛泽东说人民的力量是最强大的，其真正的含义是正义的力量才是最强大的。董明珠敢于如此不买对方的账，是因为她心中有一面正义的旗帜。她不怕赔钱，可是她不会把钱赔得不明不白。谁让她是一个较真的女人呢。

安徽销售公司当地的股东和总经理串通一气想独吞财产，红白道手段兼用，银行公安等部门都向着当地人，纠集 100 多人棍棒相向，吓得随从的小伙子腿抖、哭了，而她却镇定自若，从容应对，转移阵地坐镇南京遥控，然后飞赴北京中央金融工委拿到了上方宝剑，所有的事情全被摆平！

董明珠并不是有了权力后才敢如此强硬，自从她踏入营销行业的那一天起，她就表现出了这种面对困难、挑战困难的个人作风。而挑战困难，首先要敢于挑战自己，如果自己对自己都没有信心，又如何去挑战外在的困难？

管理界有一句笑话：大学毕业的可以当一名合格的老师，中学毕业的可以当主任，要是你小学毕业，那就可以去当校长了。

虽然是笑话，但却说明白了一个道理。一个人的成功不在于他的知识多少和学历的高低，而在于他的行动力。通常来说，越是知识丰富的人，行动力越迟缓。因为知道得太多，考虑得也就太多，也就难免瞻前顾后，犹豫不前。

要想成为一名成功的营销员，不但要有超强的行动力，还要学会正面看问题。一个总是用负面态度看问题的人，无论如何都难以取得事业的成功。

有一位业务员出身的企业家说："你的面前有一个杯子，杯子里有一些水，你看到了什么?"他说，如果你的回答是看到了一杯半空的水，这就是一种负面看问题的角度，负面的角度必然会有负面的事情随之而来。而他自己则会说，这是一杯半满的水。正面思考的状态会相对好些，不管什么事情发生，一定有好有坏，就看你怎么去看它。

这位企业家第一份工作是在上大学以前，做业务员，当时他的经理说，来这个行业，如果3个月还没有卖出一台机器的话，是很正常的，第4个月才会有可能卖出机器。但他接受一个礼拜的培训后，一个半月时间卖了4台机器，而其他的人一台机器都没有卖。

实际上，销售这件事对这位企业家来说是非常大的挑战和压力，因为他个人的性格很害羞，一般都不大敢和女生说话，一上讲台，手就会发抖，抖得很厉害，根本不会社交。

那么他又怎么做好了这个业务员呢?他说，首先是决心。当时，业务员是他唯一能找到的工作，如果不能做一个好的业务员，这辈子都不会有其他机会了，所以就下定了决心。

重要的是，他知道自己的问题的症结。他不敢跟别人讲话，所以第一次上班的时候，便强迫自己见了人就一定要大声打招呼，让人觉得自己很开朗。受训的时候，回答问题一定是他第一个举手，举手不是当时决定的，而是前一天晚上就决定了的，不管会不会就要抢第一个先举手，抢完后再想答案，而且还说答案有3个，其实自己一个都不知道，都是现想的，想完一个再想第二个。就这样，他战胜了自己，并且在后来成就了自己的事业。

如果我们分析董明珠，不难发现，她恰恰具备这些成功者必备的素质。

刚进入营销行业之初，董明珠坐骨骨裂，仍坚持跟着"师傅"跑市场，学经验，她是在挑战自己的毅力；独立面对安徽市场，她坚持帮公司讨回与她无关的40万元欠款，她是在挑战自己的能力；而面对僵硬的行业规则，她坚持“先付款再发货”，是在挑战自己的信心。

当初刚踏上经营部长的位子，董明珠面对的困难何其巨大。公司管理混乱，员工上班看报纸、聊天，根本就没有敬业的态度。最为严重的是，董明珠一旦要进行大刀阔斧的改革，就必然会触犯一些人的利益，特别是一些高层领导的利益。一旦改革引起众怒，自己成为众矢之的，那她的日子肯定不会好过。

董明珠肯定意识到，她要面对的是一股强大的世俗的力量。这股力量不只是在格力存在，在其他的国有企业和私营企业也同样存在。一旦改革开始，她就是一个人在和这股力量对抗。但是，她虽然具备堂·吉诃德的精神，却不会像堂·吉诃德般无知。因为她知道她的想法是正确的。她不是在做毫无意义的奋斗，她有着清晰的理念和目标。

每一次改革，都会触及到一些同事的既得利益，这也是不可避免的。但是，有些人开始琢磨如何对付董明珠，甚至攻击董明珠。对此，董明珠一概不理，因为再多告她的信最终还是要用事实说话，而她一心为公，没有任何的把柄落在别人的手里。

在任何企业，董明珠做事都坚持一个原则，那就是无论在什么岗位上，都要对企业负责。从个人的发展角度来说，如果没有这一点做人的原则，在任何企业都做不好。如果能得到什么的话，也许就是一点点个人的私利。但这样一来，个人的人生价值就永远得不到体现了。

事实上，董明珠在第一年的整顿过程中，不但要和上级较量，还要和平级较量，甚至和下级也要较量。如果在私营企业，董明珠的这种办事作风肯定会落个被炒鱿鱼的结果，不过她比较幸运：第一，格力是国有的；第二，朱江洪比较支持她，所以她才能够“为所欲为”，按照自己的原则办事。

在私营企业，董明珠的这种办事作风是很容易引起领导猜忌的。即使她一心为公，什么都是为了企业考虑，私营企业的领导也很难容忍她这种张扬的作风。这个，随意查查任何一家私营企业，都可以找到佐证。

人性总有自私的一面，一旦有机可乘，就不会把心思放在企业利益上，而是想法设法为自己寻找致富的机会。多年之后，获得“商界铁娘子”之称的董明珠从自己的成功经历中悟出一句话：“只要没有私心就能干好。”这句话真是朴素得不能再朴素，明白得不能再明白。可是，要想做到，就显得不那么容易了。“简单的招式练到极致就是绝招”，可是，往往越是简单的招式，越难练到极致。那已经不是靠聪明和能力就能达到的境界，那需要的是坚毅不拔的毅力，还有对自己充足的信心。

董明珠决心大力整顿经营部的工作纪律。客观地说，她并不是针对某个人或几个人。整顿只是手段，整顿的背后是她大公无私的情怀。在她看来，无论是国有还是股份制，企业是个人的命脉。像格力这样，一旦企业垮了，首先面临的是这么多员工要去找饭吃。如果只是考虑个人的地位和权力，她完全没必要把自己推到众人面前。可是，她的目标不是这些世俗的东西。为了格力，即使得罪人是不可避免的，她也要知难而上。

上任的第一天，董明珠就看不惯经营部上班时一人一杯茶一张报纸，成天聊天闲谈的风气。她一周开一次会，半天时间用来讲纪律，针对具体人进行评议，有人被她训得直掉眼泪。经营部女性多，董明珠就在她们的服装、头发、走路态势上都作了明确的要求。她要求大家最好都剪短发，留长发的上班要盘起来，更不允许戴一堆丁丁当当的首饰来公司。喜欢打扮的女性，尽可以在下班后打扮。

董明珠的霸道在此可见一斑。在一个崇尚个性化工作环境的时代，董明珠如此强硬地规定下属的穿着打扮，有人会认为矫枉过正。可是，董明珠也有她的看法：女人如果穿着打扮太随意，就会显得不精神。特别是结了婚生了孩子，不少女人拖拖拉拉，人们往往说她们是“家属工”，语气中包含着轻视，仿佛她们做不了大事。

董明珠目的很明显，她要通过自己的强制命令让这些女人明白，女人也要自强，不能自轻自贱，好像只有男人才能做大事。

有人说董明珠是在把自己的人生观强加到别人头上，这句话不无道理。每个人的人生观不同，追求自然也就不同。在上进心比较强的人眼里，一个天天碌碌无为的人，肯定是一个不上进的人。可谁能说这个碌碌无为的人就没有自己的人生追求？也许你所追求的，恰恰是他不感兴趣，也不想要的。难道尽情地享受生命的每一天、每一刻，这种生活态度是错误的吗？

伏尔泰说过：“我不同意你的观点，但是我誓死捍卫你说话的权利。”这句话在今天这个追求民主、自由的社会，显得尤为震撼人心。客观地说，董明珠可以不满意其他人的生活方式，但她无权如此苛刻地在穿着打扮，甚至走路姿态上要求她的下属。

话说回来，事情往往又具备两面性。部队如果没有严格的纪律，就无法产生强大的战斗力。董明珠如果不如此严格要求经营部，也就无法使经营部的工作作风焕然一新。

对一个企业来说，穿着打扮这些小事看似是个人的事情，但却严重影响着企业的形象。如果一个客户走进公司，看到的不是工人们在努力工作，而是聊天闲谈，吃吃喝喝，那他会对这个公司产生什么印象？不管如何，肯定不会是一个好印象。一个对公司没有好印象的客户，会跟公司合作吗？

一个追求个性与自由的人，肯定不适合在董明珠这种霸道的作风下工作。而一个想要发展壮大的企业，却又需要董明珠的这种“霸道”。世界上没有哪个组织能够和军队对抗，即使抛掉武器站在平等的位置上，军队的团结力与向心力，也足以打败世上任何一个组织。董明珠的“霸道”虽然约束了经营部员工的部分个人自由，但也成就了经营部强有力的战斗力。何况，董明珠还是一个懂得“攻心战”的人。

董明珠对她的同事讲起她去日本考察时的感慨。日本某公司的一位高级职员陪她一天，晚上回到宾馆，她对这位日本职员说：“快回家吧，都十点了，不早了。”这位日本职员却说：“不，我要回公司。因为今天陪贵客参观，该做的工作耽误了，我要回公司去做完。”他说话的神态非常自然，丝毫不觉得自己在做一件非常“高尚”的事情。

这件事让董明珠非常感慨，日本人虽然和中国有矛盾，但日本人有许多值得我们学习的地方：不只是勤奋，还有高度的责任心。

董明珠和同事们推心置腹：如果我们对企业不负责，只是想着上班拿点工资，有好处能捞就捞，我们怎么能振兴企业、振兴民族？

这种“攻心战”起到了效果。虽然很多同事认为严格的纪律让他们不太适应，但他们也承认这是必要的，他们会慢慢适应这种严格的工作作风。

霸道而又不失柔性的董明珠，用自己的方式改变了同事们的工作作风。

做营销员的时候，所遇到的困难就是如何打开产品市场。应该说，这个时候，无论困难多大，都还比较单纯，没有各种权力、人事的斗争掺杂里面。现在董明珠面对的困难，不只是复杂的人际关系，还有竞争激烈残酷的全国空调市场。

要保持格力在全国市场的领先地位，谈何容易。空调市场的竞争，已不能用激烈来形容，那是惨烈！硝烟弥漫，战争四起，空调市场从来就没有平静过。

可是，所有的困难，都在董明珠面前退却了。在风云变幻的家电市场，她带领格力创造了奇迹：格力空调连续11年产销量、市场占有率均居行业榜首。

2006年，面临国内空调业总量整体下滑的形势，格力空调却逆市飘红，除了其长期以来建立的品牌、产品等诸多优势外，董明珠领导下的格力空调“区域股份制销售公司”模式成为最大的动力。尽管远离国美、苏宁等大连锁渠道，格力联手商家开设的空调专卖店却遍布全国各级市场，实现了对市场份额的充分拓展和有力把握。

我们有理由相信，我们也有信心相信，面对国美、苏宁的不断扩张，面对美的、志高、格兰仕等企业对区域销售制销售公司的模仿和革新，一向喜欢创新思维，喜欢掌握主动的董明珠，肯定早已胸有成竹，变在变之先，率先找到了解决问题的办法。

没有什么困难能够挡住这个不断前进的女人。

重新设定游戏规则

1　没有一分钱的应收款

拖欠货款是中国零售批发行业普遍存在的现象。不仅老外头痛，中国商家也无不摇头，都感叹拖欠货款是100年都解决不了的企业问题。

可是董明珠不信这个邪。她的做法很简单，也很霸道：凡拖欠货款的经销商一律停止发货，补足欠款后，先交钱再提货。这下捅了马蜂窝——中国哪有这样做生意的？大大小小的经销商纷纷向格力老总朱江洪告状，有的甚至宣称：“有她没我”。董明珠针锋相对：“有我没他”。朱江洪劝董明珠：“是不是可以补完款，先发货再收钱？”董明珠微微一笑说：“好啊。”结果款一到账，货却把住不发。董明珠说：“要货？先拿钱来。”

董明珠振振有词：“就算别人都这样，我格力也偏偏不。”即使100次撞墙头破血流，董明珠也要撞101次。欠款这堵破墙一定要倒。

不要以为董明珠固执己见，她不过是在坚持一个正确而又合理的决策。可能会有人认为，中国的行业规则就是这个样子，没有经销商先付款后拿货的道理。这虽然是行业规则，但规则不一定就是合理的，至于是否正确，就更难说了。最起码，现在已经有国外的零售商准备进军中国，并准备用自己的行动打破这种不合理的规则了。

北美家电零售巨头百思买进军中国市场的敲门砖，就是要用“先付款后拿货”的方式来打破渠道商占用供应商货款的这种不合理的规则。百思买的这一举动，无疑会给那些饱受国内连锁企业回款之累的供应商带来“光明”，也会对巩固双方共赢的联盟体系发挥巨大的作用。

只是，不知道百思买的这一举动，会否让董明珠有一种找到“同志”的感觉。

要知道，在这之前，董明珠坚持的先付款后发货的方式，已经取得了巨大的成功。1997年、1998年格力没有1分钱应收账款，也没有1分钱三角债。

事实上，自1997年至今，格力不但没有一分钱应收账款，也几乎没有任何的银行贷款，这使格力被人们称为“不需要银行贷款的家电企业”。

董明珠能够创造如此奇迹，还要归功于她对管理制度的严格执行，以及对业务员的严格要求。虽然她是被同事们推举上任为经营部部长，但是同事们谁也没有想到，董明珠一上台，就立即变得“翻脸无情”。要知道，同事们之所以推举她为经营部长，一方面是因为她在负责安徽、江苏两省市场时，成绩斐然，有目共睹；另一方面，大家还抱着或大或小的一点私心：董明珠做业务员时，给人的印象是非常随和。如果推举她为部长，大家也许在以后的日子里能得到“特殊照顾”。

可是，董明珠让那些对她“寄以厚望”的同事们非常失望。上台之后，她不但非常张扬地要到了“财权”，使经营部内部的管理走向规范化、透明化，还进一步严格规定业务员不许无款提货，更无权调拨产品、超额发货。

这一规定让推举她上台的同事们大失所望，甚至气愤异常。董明珠可不管大家对她怎么看，她只有一个想法：既然大家推举她为经营部部长，她就要为公司负责，而不是为某些人负责。她已经在查账中发现，很多地方，南宁、江西、重庆……都出现了一些不明不白的账。更严重的是，业务员手中掌握的空调库存量怎么也对不上号，公司反映货发出去了，而经销商却说没收到，问题非常严重。董明珠也是做业务员过来的，她知道各地仓库大多都在业务员手里，他们可以自由处理手中的库存，甚至可以私设账号，将卖空调的钱直接打到个人的账上。

格力刚起步时，给了业务员很大的灵活度，他们常年在外，工作完全靠自觉，具体干什么公司也不过问。其实，不光是格力，这也是很多管理不规范的企业所共存的现象。这种现象所导致的后果就是，业务员由于没有任何约束，在利益的驱动下，他们甚至会“兼卖”竞争对手的产品。自己公司的业务员，却在同时卖着竞争对手的产品，这是任何公司都难以容忍的。这不但损害了公司的经济利益，也严重影响着公司的声誉。而且，这些业务员由于没有约束，只要经销商和他们关系好，就能够不拿钱先提货，以至于公司货发出去了，款却总是不能及时结清。

对这些情况了如指掌的董明珠下了命令：清理、关闭全国各地格力电器库存房，所有账务对清，业务员手中的所有欠款也必须限期追回。

董明珠亮出了她的底牌：我能做到江苏、安徽两省没有应收款，你们也必须做到！

严厉的纪律才能训练出有战斗力的队伍。董明珠的制度虽然让业务员的日子没以前那么好过了，但格力的日子却好过了。格力由于没有欠款，而且还能够从经销商手中预收货款，它于是一直处于一种奇怪的“没有银行借款的高负债”状态，在高负债伴随着高风险的观点面前，我们发现，格力用它自己的方式避免了这种可能的风险，它一直在稳步健康地发展着。

向银行借款，负债经营，是现在很多企业的通行做法。资金是企业组织生产，经营的前提条件。任何一个企业，为了保证生产经营的正常进行，必须拥有一定数量的资金。另外，由于临时性生产的需要或适应市场需求变化，扩大适销产品的生产规模，研制开发新产品，在内部资金不足的情况下，企业也需要筹措资金，以增强自身的经济实力，在激烈的市场竞争中立于不败之地。

相比之下，虽然企业有多种渠道筹资，但负债筹资有其相对的优越性，所以多被企业采用。可以说，以特定的偿付责任为保证，以获取利益为目的的负债经营，已被现代企业的经营者作为重要的理财策略。但是，这种策略给企业带来巨大经济效益的同时，也产生了一些不容忽视的负面作用。

美国的格兰特是一家著名的日常用品零售公司。该公司的创始人威廉·格兰特白手起家，由小本经营起步，发展成为美国屈指可数的大企业，有过一段辉煌的历史。但是，就是这样一家大企业，由于策略失误，负债过高，最终却不得不走上申请破产的结局。

格兰特公司在零售业竞争十分激烈的情况下，认真研究了定价策略后，将其经营的日用品价格策略定位在25美分，高于“5美分店”和“10美分店”，但低于普通百货公司，而且，格兰特公司的陈设格局要比廉价的“5美分”和“10美分”商店档次高。这样的价格定位吸引了百货公司和廉价商店的顾客，所以，格兰特公司的业务迅速发展，连锁店开设到上百家，格兰特公司的发展速度也远远超过了当时的行业老大西尔斯公司，到1972年，格兰特公司新开办的商店是1964年的两倍。

然而，到1973年11月份，格兰特公司的利润只有3.7%，这在各零售商中是最可怜的。显然，盲目发展导致了灾难。格兰特1973年全年营业额达18亿美元，但利润却只有8400万美元，降低了78%，这是该公司历史上自1967年以来最低的一次。格兰特公司的股东资产净值赢利由以前的15%降到5%。更糟的是，其长期债务由1970年的3500万美元增到2.22亿美元，短期债务则增至4.5亿美元，到1974年，格兰特公司的连锁店猛增到82500家，是10年前的1000多倍。

在这种情况下，格兰特公司的销售额并没有随着分店的增多而扩大，相反，每家分店的平均销售额却急剧下降，连年入不敷出，格兰特公司在

143家银行的债务达7亿美元，债台高筑，公司信誉急剧下降。在资不抵债的时候，格兰特公司于1975年10月2日只好按联邦破产法提出破产申请。到1976年2月该公司最终倒闭，8万员工因此而失业，成为美国有史以来第二大破产公司，也是零售业最大的破产公司。

可以说，向银行借款的负债经营方式，是一把双刃剑。用好了它能为你的经营带来更好的效益，用不好它则会把你推向万丈深渊，使你永无翻身之日。

格力当然也需要更多的资金来扩大自己的经营规模，只是，它的资金来源不是银行，而是它的众多的经销商合作伙伴们。

按照董明珠的说法，格力电器有过向银行借钱的经历，但那已经是1995年以前的事情。打开格力电器2006年半年报，你会发现格力电器确实没有一分钱银行借款，只是由于2004年10月格力电器收购了珠海凌达压缩机有限公司等四家企业，才使得合并报表中有了1.16亿元的短期借款。然而与公司150.55亿元的总资产相比，这些借款可以说是微不足道。

众所周知，企业占用上游企业的资金较为常见，而要求下游企业预付货款并不容易，然而格力电器却做到了，其空调内销全部实行先收全额货款后发货的结算方式。

不过，格力电器占用经销商的资金也有一个由紧到松的过程。2001年年末，格力电器的应收票据从一年前的11.16亿元猛增到29.33亿元，增幅高达162%。公司在年报中作了如下解释，“本公司年末应收票据包括31家出票单位开出的972张银行承兑汇票——主要为已实现销售的未到期票据和年底收到的预收款。由于公司收到应收票据不再向客户收利息，2001年年末客户大多以票据支付2002年的预付款。”可见，在2001年前格力电器要求经销商以现金支付预付款，而改用汇票后显然减轻了经销商的资金压力。在2001年格力电器允许客户以银行承兑汇票预付货款后，公司占用资金的程度明显下降。

以银行承兑汇票的形式收取预收款对格力电器和经销商来可以说是一个双赢的方案。对格力电器而言，这样做同样不用担心销售会产生坏账；对经销商而言，银行承兑汇票最长6个月的期限应该足以将货物销售出去，所付出的代价不过是在银行存入一定比例的保证金而已。

当企业收到大量应收汇票，该如何使用？格力电器的做法值得有同样情况的企业借鉴。如果说2001年前公司收到应收票据还要向客户收利息虽精明却略显霸道，那么此后的行为就只能令人赞叹。

从格力电器年报的陈述中我们看不到公司有将应收票据贴现或转让的行为，但是从报表数据来分析，格力电器应该存在背书转让应收票据的行为，这是为许多上市公司采用的一种支付手段。用应收票据而不是现金支付货款，可以降低公司的资金成本、缓解财务压力，然而格力电器对银行承兑汇票的应用还不止于此。2005年年末，格力电器应付票据余额为17.60亿元，全部为银行承兑汇票。我们知道，银行承兑是有条件的，大多数企业是采取存入保证金的做法，而格力电器的做法如下，“本公司之子公司应收票据中有905509815.54元的银行承兑汇票质押给银行，用于开具应付票据。”

格力电器的上述做法绝对精明。与背书转让应收票据相比，质押的方式使格力电器开出的应付票据到期日肯定可以再晚一些日子，这中间资金的时间价值就归公司享有了。至于贴现应收票据要付利息，就更不可取了。由此可见，尽管格力电器的资产负债率颇高，且营运资本为负，但公司的资金并不十分紧张，否则公司就要出现大量的应收票据贴现或背书了。

虽然格力在内销过程中没有出现过一分钱的应收款，但事情从来就不是绝对的。当格力拓展海外市场时，它也必须面对欠款的问题。幸运的是，董明珠虽然倔犟强硬，但却并非不懂得变通。而且，她的变通不是妥协，而是寻找更好地解决问题的办法。

2005年，尽管海外销售收入比例继续提高，应收账款占收入的比例却反其道而行之，而2006年上半年这种背离就更加明显。格力电器在半年报中如此陈述，“本报告期出口收入较上年同期增长76.67%，出口收入达39.84亿元，而应收账款较上年同期下降3%，这主要是公司调整出口流程以后收款周期大幅缩短所致”。

虽然董明珠一再强调不会向银行借款，格力的财务报表却证明了她并不是墨守成规的人。如果我们留意就会发现，2005年年末格力电器存在着1.05亿元的短期借款。合并报表的短期借款更是达到3.76亿元。对此，格力电器的解释是，“本公司短期借款比上年增长22.82%，主要是本公司针对外汇市场情况，从理财角度出发，以信用额度的方式从银行获得1300万美元贷款以支付外汇支出”。

从金额我们可以判断，格力电器1.05亿元的短期借款就是这1300万美元。在人民币汇率缓慢上升且仍存在较大升值压力的情况下，借外债显然是一个明智的举措。不过，格力电器并不准备做投机生意，2006年上半年末格力电器已经还清了短期借款。

当初董明珠坚持“先付款后发货”，一是为了公司的长远利益，二也是不想让自己踏入要债的泥潭。当时她不过是一个业务员，绝不会想到这种付款方式会让格力在后来的发展过程中获得大量充足的现金流。俗话说“他人栽树我乘凉”，董明珠却是自己栽下了树，自己还能够乘凉。

不付款不发货，是董明珠定下的游戏规则。很多人认为格力的成功，这种先收货款的方式占了很大一部分原因，还有一个更重要的原因就是格力的营销模式。董明珠对这种看法并不以为然，面对越来越多空调厂家对格力营销模式的模仿，她一针见血地指出，即使大家都在模仿格力，也不可能超过格力。格力成功的原因不在于模式，而在于它的创新思想。格力现在的模式以前适用，以后不见得适用。

“他们可以学走我的模式，但学不走我的思想。”霸气的董明珠不经意地又流露出了她的傲气。

2 拒不降价

应该说，董明珠如此强硬的性格还能够在格力一路高歌地走下去，要归功于她有一个好领导，这就是朱江洪。

朱江洪20世纪70年代末期毕业于华南理工大学，朱和老伴结识于华南理工，一双儿女也毕业于华南理工。在朱江洪身上有典型的20世纪70年代知识份子的烙印：思想纯粹、行事简单，对权力、仕途不自觉保持着若即若离的清高，朱总的办事准则是："我只要做好格力电器，就是对领导工作最大的支持，并不在于请客吃饭、礼尚往来。"有人评价说，"朱总是不擅'活动'的人"，"本来有几次机会朱总是集团董事长最合适的人选，但不擅活动的朱江洪都错过了。"

朱江洪技术出身，虽然坐上了总经理的位子，但仍每天埋头于技术研发，他对董明珠的认识起源于十几年前的"南京视察"。1992年，董明珠在安徽的年销售额达到了1600万元，而相邻的江苏省一年才销了300万元。这么大的销售差距，作为总经理的朱江洪自然有责任对市场进行调查，以找到差距的原因。

董明珠这时正好负责安徽市场，所以她就陪同朱江洪看了一圈安徽市场，又一起来到了江苏。董明珠性子直，有什么话藏不住，一路上嘴巴没闲着，一个劲地向朱总讲述自己的营销观点。虽然朱江洪当时没有过多的表态，但相信他已经注意到了董明珠的个性和业务能力，要不然他也不会在不久之后把董明珠调到了江苏市场。

两个人的第一次亲密合作，也就是在南京这片市场上发生的。

我们前面讲过，1994 年刚过完年，江苏的天气就一直阴雨连绵，这导致了不久后的空调价格大战。当时格力公司内部只有董明珠一个人坚持不降价，但她只是一个小小的业务员。谁都不知道作为公司最高领导的朱江洪是怎么想的，我们只知道结果——他竟然顶着所有人要求降价的呼声，独力支持董明珠的判断。结局我们已经知道，那一年，董明珠大获全胜。

最高领导和最基层业务员的第一次合作，就显得如此完美默契，不是天意，又是什么？也许，董明珠当初能够留下来接手经营部这个烂摊子，与朱江洪的“慧眼识珠”有莫大的关系。士为知己者死，女为悦己者容。董明珠能够遇到如此赏识她的人，不是她的幸运，又是什么？董明珠上任后进行的一系列得罪人的改革措施，要没有朱江洪在背后默默地支撑，是不可能取得丰硕的成果。

人们常说“一山不容二虎”，可格力这两只老虎却总是能够和平共处。这主要还是因为这两个人都没有私心，都以企业的发展为自己的人生目标。正是因为有了超越私利的共同目标，这两个人才有了令人惊讶的默契配合。

无独有偶，董明珠刚当上经营部长不久，就发现以前生产的 19000 套单冷分体机还压在库房里，占用了大量资金。这些空调主要是大家认为款式过时，故将之列入淘汰产品。董明珠觉得这批货要是不卖出去，就这么当淘汰品堆在库房里，太可惜了。她去找领导商量怎么处理这批产品。领导倒是很痛快，立即出了个政策，每套降价 300 元处理掉。

降价销售当然对经营部有利，但董明珠觉得这样做不对，因为从长远看，这样做对企业是没有好处的。要知道，在激烈的市场竞争中，价格问题往往是个焦点。特别是近几年来，空调厂家在价格上做文章的事情屡见不鲜，或降价销售，或低价甩卖，最后完全步入了恶性竞争。

再说了，价格是一个综合指数，包括了成本、服务、利润等，每一台空调都是技术人员和工人们倾心尽力好不容易才生产出来的，合理的定价不应该轻易改变。再进一步说，董明珠是从销售第一线被提拔上来的，多年的营销经验告诉她，对消费者来说，并不是货越便宜越容易销售，每个价位有每个价位的需求人群。要是轻易降价，会让消费者起疑心，担心产品质量是不是有问题。要是这样，产品反而不易售出了。

考虑到这些因素，董明珠又一次做出了不降价的决定。这一次倒是没有高层领导的阻挠了，却是最基层的业务员叫苦连天。要知道，这正是1995年的1月，天寒地冻的季节，让业务员去销售单冷空调无异于赶鸭子上架，难度也太大了。

董明珠虽然价格上坚持不降，但却采取了比较灵活的变通方式。她规定每卖掉一台奖励50元，但若是完不成销售任务，每台要扣100元。

往前走是奖50元，往后退是罚100元，谁都知道怎么做才对自己有利。不到一个月，这批空调就在“大棒加甜枣”的“威逼利诱”下卖掉了，企业直接增创利润500万元。董明珠用她的方式，再一次创造了一个不大不小的销售奇迹。

可见，营销中的技巧和方法固然重要，但信心更重要。如果没有信心，谁能想到大冷的天能够卖掉一批单冷空调！如果没有信心，董明珠就不敢开除敢和格力叫板的大户经销商，更不用说敢在2004年和家电零售巨头国美叫板了。

我们也要看到，产生这种自信心的动力源泉，是要维护公司的利益，保护国家的财产。格力虽然比以前壮大了，工作环境和待遇也比以前好了，但如果大家都觉得现在可以来分点好处，甚至不择手段为自己搞钱，那格力再壮大也会毁于这些蛀虫的贪婪。

而且，董明珠之所以一直坚持不降价策略，甚至不惜和国美分裂，是因为她觉得格力在销售上必须达成两个统一：一是公司的发展目标与经销商的发展目标一致；二是厂、商之间的利益与消费者的利益一致。厂、商之间没有共同的发展目标，不是为了向社会提供最好的产品和服务，不可能走到一起；而厂、商之间都只是将自身利益视作最高利益，无视消费者利益的，也无法结成营销同盟。

这两个非常简单的道理：只有长期的、全局性的利益才能满足持久、长远的发展利益；只有满足消费者根本利益才能在市场上立于不败之地。

了解空调行业的人都知道，这个行业向来是价格大战的爆发区，要是再碰上天公不作美，来个凉夏，价格战就更是在所难免。董明珠既然踏进了这个行业，又一不小心被推上了商场的风口浪尖，她就必须时时刻刻地面对这种挑战。

1996 年是我国历史上梅雨期最长的年份之一，足足下了 40 多天。这场雨对“靠天吃饭”的空调业是一个严峻的考验。董明珠刚刚在上一年带领她的队伍打了一场胜仗——经过上一年激烈的“淘汰赛”，有 80 多家空调厂停产转产，广东省只剩下不到十家，而格力从第八位跃升到第二位，成绩斐然。

可谁都没想到，这一年会是一个凉夏。又一场价格大战是在所难免了，连媒体都在不断猜测，格力今年是不是要修改计划了？董明珠当然感觉到了压力，可是，这种压力也不是只有她一个人才有。所有的空调生产商都面临着同样的天气变化，大家都不可能不战而退，唯一的选择就是放手一搏。

价格战很快就开始了，激烈而又残酷。似乎大家都抱着同归于尽的想法，价格战很快就达到了极致：一台出厂价 5800 元的空调，大户批发价不到 5200 元，零售店的价格也不过 5200 元至 5400 元，价格倒挂比少的 5%，多的超过 10%，这是空调业从未有过的事情。甚至有经销商扬言：不按我说的做，格力今年死定了！

关键时刻，朱江洪因劳累过度进了医院，这让本就心急如焚的经销商们更没了主心骨，他们纷纷飞到珠海，与格力的一些领导频繁接触，达成了降价3%的共识。

经销商从自己的利益出发要求降价无可非议，正如同如果董明珠站在经营部的角度考虑问题，降价同样是一件对她有益的事情。毕竟，价格要是降下来了，经营部的销售压力也就减轻了，就是有所损失，那也是企业的损失，国家的损失，与经营部关系不大。

但是，兵书云：不谋万世者，不足谋一时；不谋全局者，不足谋一域。不光有着企业家精神，还有着企业家视野的董明珠从来不从局部的利益考虑问题，她再一次站在全局的高度，扛起了反对降价的大旗。

反对降价有反对降价的理由。很多经销商在拿到厂家的供应价后，一转身就以低于厂里的价格给出售了。有的低100元，有的低200元，还有的低300元。堤外损失堤内补，经销商肯定不会做赔本买卖，他们也不是在“赔本赚吆喝”。经销商的想法是，只要把量做大了，厂家最后就会考虑给予补偿。如经销商投入8000万元，按1%或2%的亏损，在淡季时他们就会向厂家要求增加5%的亏损率。这样在淡季时投入的经销商已经获得了利润，因为没有稳定的价格，他可以抢先出手，市场虽然被扰乱了，但经销商却获得了好处。

空调商之所以让利给消费者，也不是没有缘由。有的人赔钱，是为了套钱做其他生意。空调行业除了格力，大多数都是实行先发货后付款的方式，这不但不利于控制经销商，还为价格大战提供了条件。

董明珠坚持不降价，不仅是为了稳定价格政策，她还有更深层的忧虑。因为这一年经销商要求降价，不全是为了抢占市场份额，他们是想通过银行贷款进行大量投入后，把货低价售出，待他们赚了钱后再进行第二轮轰炸。他们很可能在旺季时进一步扰乱市场运作，完全不考虑企业和消费者的利益。所以从全局考虑，格力空调降价，个别经销商就可以用低价来冲击二、三级经销商，冲击那些没有足够的资金实力和他们对抗的竞争者，这会使广大经销商对格力产品和品牌信心发生动摇，后患无穷。

虽然董明珠反对降价，但朱总因病住院，她又没有资格参加公司的高层会议，公司的部分高层领导还是开会做出了降价的决定。她找到了分管经营部的一位副总经理阐述不能降价的理由，这位副总经理也赞同董明珠的观点，但是会后他非常无奈地告诉董明珠：大家都坚持降价，他也只好跟着同意降价了。还有一位分管财务的副总说得更轻松："我可管不了那么多，我管财务，只要现在能拿回钱，以后是以后的事。企业以后怎么样，我管不了。"

从这些话我们能够看出，这些人并不是不知道降价对企业的长远发展没有好处，他们也明白，降价是一种追求短期利益，甚至是饮鸩止渴的行为。明知道降价对企业的长远发展没有好处还同意降价，只能说明这些人对企业没有责任感。

董明珠在众多高层领导面前人微言轻，根本就没人重视她的呼声。不过董明珠心里明白，如果这次真的降了价，企业可能要损失 2 个亿，更严重的是，有可能将格力电器拖垮。

那位分管经营部的副总告诉董明珠："降价虽然通过了，但还要到医院请示朱总后才能实施。"

董明珠悬着的心一下子落下来了。她对朱总的了解就像朱总对她的了解一样，这两个有着共同目标的人，总会在关键时刻抱有相同的观点。格力是朱总一手养大的"孩子"，他不会为了短期利益就毁了格力。董明珠相信朱总在这件事上一定还会打电话询问她的意见，这不但因为他们有着共同的目标，还因为她才是市场第一线的，只有她才清楚市场前线的真正状况。

当朱江洪得知董明珠反对降价时，这两个合作默契的人再一次在降价问题上取得了一致观点。朱总认为："价格太低，专卖店为省几个钱，难免饮鸩止渴，牺牲安装维修，那么给用户提供的就是劣质产品。我认为，在难以保证质量和售后服务的地方，格力宁愿让出市场。"

当初攻打北京城，为了保护北京城内的众多古迹，共产党不惜耐着性子和国民党谈判，这是一种大气，也是一种济世的情怀。此时的朱江洪能够说出如此一番话，不为一己之利而损害消费者的利益，也展现了他大气的企业家情怀与精神。

不降价也就意味着经营部要承受更大的压力。董明珠手机 24 小时开通，平均每天几十个电话，凌晨 2 点发生问题也会有电话来。这个凉爽的夏天，她却没睡过一个囫囵觉。

价格战越打越疯狂，同样类型的产品，有的厂家把价格降到了比格力低 800 到 1000 元的价格，这无疑对格力产品的销售造成了强大的压力。有的业务员不断给董明珠打电话："两种柜机摆在一起，人家的便宜那么多，客户当然不买我们的。"

面对业务员的抱怨，董明珠也知道他们不易，承受着巨大的压力。她尽量地安慰业务员："丢掉一部分市场是不可避免的。消费者不同，他们的要求也各不相同，哪有一种产品就能满足所有人的需要呢？现在格力柜机占了差不多 50% 的市场，已经很不错了，没有必要用降价来追求一部分市场。"

这是安慰业务员的话，心底里，董明珠却意识到那个厂家要出问题：如此低的价位，要么是负债经营，要么是低价购进元器件，降低空调的质量，牺牲消费者的利益。

其实，还有一个不降价的原因董明珠没有说，要是说出来，大家会觉得她太固执。因为董明珠是宁肯让出一部分市场，也绝不做掉价的事情的人。这对有奶便是娘，趋利避害的商人来说是很不可思议的事情。在一个法律不健全、市场不成熟的经济社会，一个人如果固执地坚持自己的做人原则，就会丧失掉很多机会。

可是董明珠就是这样一个人，她要的是对格力负责，对消费者负责，对经销商负责，甚至对中国家电行业的健康发展负责。她始终认为，在人类众多的优秀品德中，责任感应是最可贵的，一个缺乏良心和责任感的人，赚再多的钱也得不到人们的尊重。

谁都难以想象，格力的固守和付出，在这一年得到了丰厚的回报。这一年，格力的销售增幅达17%，售出97万台，第一次超过春兰；其中柜式空调增幅130%，使格力成为全国最大的柜机生产厂家。国家统计局和中央电视台调查中心联合发布调查公告显示，格力在空调类产品中位居"全国市场占有率"、"产品质量评价"和"售后服务质量评价"三项第一。

不要以为固执是董明珠成功的原因，在拒不降价的背后，是董明珠更多的付出和劳动。她要不断地鼓励业务员，给他们信心；还要不断地跟经销商沟通，让他们看到不降价所带来的长远好处。

最不喜欢打价格战的董明珠，也会在恰当的时机采取降价措施，不过，她可不是在用这种方式争夺市场份额，她是要让利于民。

2001年，格力出了两件"大事"，一是朱江洪由总经理改任董事长，董明珠升任总经理；二是一直反对打价格战的格力，一改多年来以稳健著称的竞争策略，采取了部分主力机型阶段性让利的措施。如此在空调旺销季节采取"降价措施"，难免不让人怀疑，董明珠是不是也要用价格战来争夺市场了？还有人在猜测，格力是不是在清理库存？

如果我们对董明珠在格力的成长轨迹有所了解就会明白，以董明珠的个性，这两种猜测都是站不住脚的。首先，董明珠认为打价格战是一个很掉价的事情，她宁肯在产品质量和服务上下工夫，也不会用价格战来抢夺市场；其次，董明珠是一个以公司利益为重的人，刚当上经营部长她就清理过一次库存，那次她不但没有降价处理库存，反而在寒冷的季节把库存的单冷空调全部卖掉。

面对各界的猜疑，还是董明珠揭开了这次主动降价的原因：所谓库存一般指的是旧机型。你在市面上会注意到，格力降价的机型都是当年首次面市的新机型，如“风采”、“蜂蝶”等机器。这些产品缩小了体积，但保证了致冷量，是技术的创新为格力降低成本让利消费者提供了可能性。现在这些产品的货源已全线告急，不存在卖不掉、有库存的说法。

无法理解董明珠思想的人会以为她是在唱高调，几年之后，董明珠再次用行动证明了她让利于民的决心。

2007 年，一直高涨不跌的铜价突然跌了下来。铜价回落，在大部分空调厂商还在徘徊观望的时候，格力空调在四川就已率先举起了“降价”大旗：部分机型价格下调，5P 柜机最高降幅达 10% 以上。这是在 2006 年度因原材料价格持续上扬导致各品牌纷纷涨价以来，空调行业首闻“降价”声。

对此，已经成为格力电器副董事长、总裁的董明珠在接受记者采访时称，“格力空调降价在上个月就已经在全国全面实施，因为格力认为企业不应该把铜价下降带来的收益变成自己的利润，而是应该把它反馈给消费者”。

董明珠再一次向外界表达了格力“让利于民”的决心，她表示：“去年铜价上涨时空调企业普遍上调了价格，当时消费者也表示了理解，那么现在铜价回落了，企业也应该从保护消费者利益的角度出发，根据铜价的回落情况降低空调价格。这样，即使将来铜价又涨了，我们再把价格涨上去，消费者也都会理解。”

格力在明确表示空调全线降价前，并未对外发布相关消息，对此，董明珠表明了她的观点：“现在不是空调销售的传统旺季，这次价格调整我们之前一直没有对外宣传，因为我们并不是想炒作一个概念，让大家都来买我们的空调，而是想把铜价下降带来的收益实实在在地回馈给消费者。”

虽然这次降价落实到消费者的头上可能就只有几十块钱，看起来微不足道。但是我们却可以从中看出格力诚信经营的理念，确切地说，这是一个企业经营应该具备的道德标准。和那些嚷嚷着铜价降了，今年可以多赚几个亿利润的企业相比，格力的企业责任感尽显无遗。

在降与不降之间，董明珠总是用她做事的原则，进行着让人难以猜测的选择。不过，我们坚信，无论哪一种选择，她都是在为消费者负责。

3 格力模式

准确地说，所谓格力模式，是指格力的营销模式。这一模式，曾经被称为“20世纪全新营销模式”，可见该模式的诞生对大家的震撼。这一模式的创造者，就是不断以创新思维来改变行业规则的董明珠。

说起来，这一模式的诞生，还要归功于空调大战。格力原来在湖北有4个空调批发大户，这就是武汉的“航天”、“中南航运”、“国防科工委”、“省五金”四大家族。他们都是国有企业，每家做格力的销售业绩也都非常好。但在1996年由空调厂家挑起“空调大战”中，这4家为抢占地盘，开始竞相降价、窜货、恶性竞争，格力空调市场价格被冲乱，商家和厂家利益都受到严重损害。1997年虽然没有出现凉夏，但内部斗争却令“航天”濒于倒闭，“国防”也面临危机。为此，董明珠几次亲自跑到湖北，动员当地的大经销商和厂家并肩作战。

1997年年底，董明珠的大胆设想与湖北经销商的自觉要求不谋而合，成立了一家以资产为纽带，以格力品牌为旗帜，互利双赢的经济联合体，“湖北格力空调销售公司”于1997年12月20日正式诞生。这是格力独创的中国第一家由厂商联合组成的区域性品牌销售公司。这种以股份制组成的销售公司模式是：统一渠道、统一网络、统一市场、统一服务，开辟了独具一格的专业化销售道路，统一价格对外批货、共同开拓市场，共谋发展。

董明珠的想法很清晰，与其控不住价格令厂家商家消费者三方受冲击，不如将三者的利益维系在一起，大家以入股的形式共同成立一个公司，由格力控股，各商家联合共组销售公司，这样各自的利益就变成了大家的共同利益，可以实现价格自律、服务自律。

开始的时候，有人对这一模式持怀疑态度。他们认为格力控价也就是摆摆姿态，真要是价格大战开始了，肯定还是控制不住，这一营销模式最终还是要流产。

事实胜于雄辩。销售公司一旦正常运作，就大大规范了湖北地区格力空调的市场，使销售公司成为格力在当地市场的二级管理机构，从而保障了经销商的合理利润。那些二三级经销商都惊喜地发现，就目前所定价格，只是销售格力空调都能赚上钱。1998 年湖北格力销售公司进的格力空调全部销在湖北，没有一台外流，销售额达到了 5.1 亿元，各股东的分红都超过了红利。

随后，这种模式被格力迅速推向全国，先后在重庆、安徽、湖南、河北等全国 32 个省市成立了区域性销售公司，成为格力空调参与激烈市场竞争的“杀手锏”。

让我们看一下格力模式为什么有如此大的威力：

首先看一下它的组织结构。

（1）省级合资销售公司。即格力的区域销售公司，由省内最大的几个批发商同格力合资组成，向格力空调总部承担一定数量的销售任务，并同总部结算价格。销售公司负责对当地市场进行监控，规范价格体系和进货渠道，以统一的价格将产品批发给下一级经销商。除了与总部有货源关系，听从总部“宏观调控”外，价格、服务、促销实行“区域自治”。省级销售公司的毛利率一般可以达到 10% 左右。

（2）区级合资分公司。各地市级批发商也组成相应的合资分公司，负责所在区域内的格力空调销售，但格力在其中没有股份。合资分公司向省级合资公司承担销售任务，两者之间结算价格。

(3) 零售商。合资销售分公司负责向所在区域内的零售商供货，零售商在此模式下显得没什么发言权，他们的毛利率较低。

再看一下格力的渠道分工：

(1) 促销。格力公司负责实施全国范围内的广告和促销活动，而当地广告和促销活动以及店面装修之类工作则由合资销售公司负责完成，格力只对品牌建设提出建议。有关费用可以折算成价格在货款中扣除，或上报格力总部核定后予以报销。

(2) 分销。分销工作全部由合资公司负责，它们制定批发价格和零售价格，并要求下级经销商严格遵守，物流和往来结算无须格力过问。

(3) 售后服务。由合资公司承担并管理，它们或自建或与第三方服务公司签约，监督其执行。安装或维修工作完成后，费用单据上报合资公司结算，格力总部只对其中一部分进行抽查和回访。

很明显，这种模式通过相对清晰的股份制产权关系，很好地解决了利益的创造和分享的问题。在客观上发挥了各区域经销商的主观能动性的发挥，以及当地文化的把握及人脉资源的充分整合与调动。在业务上，各地销售公司是总部的一个营销部门，并受总部的业务管理；在形式上，销售公司是独立法人，是一个产权非常明晰的企业，有了良性的产权激励机制。总部给销售公司提供品牌和市场，并实施监督。其他的一律下放给销售公司，销售公司有制定价格和政策的权力，有很大的经营自主权。这样也同时培养了各经销商对格力品牌的忠诚度，统一了价格体系，真正成为了利益的共同体。

当然，这其中还有一个重要的因素不得不提，这就是以朱江洪、董明珠为主导的诚信践诺、制度严谨、执行到位的企业文化的张力，能够聚拢到一批大户经销商一起打拼市场。

通常来说，在市场经济中，发挥主体作用的有三个要素：厂家、经销商、消费者，哪个放在重要的位置，不同厂家有不同选择。但是整体而言，中国的消费者并不是非常理性的，相关认知也比较低，加之信息不对称因素，消费者很容易受商家的左右，厂家知道产品的好坏，商家也知道，但消费者不知道。在空调行业，把商家放在主导地位更符合中国的国情。商家推销品牌，要看品牌的张力，这是商家推销品牌的唯一因素。品牌多，商家当然推销赚钱的，一个产品，商场当场演示给消费者看，消费者顺从的是商家。因此，商家是厂家和消费者沟通的桥梁，没有了商家的合作与支持，空调企业将难以生存。

同时，格力这一模式也解决了企业员工的忠诚度的问题。一般企业以办事处或者派出分公司制的形式操作，没有实质的股权等利益纽带，被派驻人员多以“职业经理人”的角色参与市场和管理，那么企业的整体利益和员工的忠诚度问题是很难解决的。

放眼国内的几大空调厂家的渠道模式选择，则各不相同。海尔此前是自建渠道，用自己的队伍做销售，但后来加强了与国美、苏宁的合作。美的、科龙的营销模式则相对灵活，既实行区域代理制，又加强与国美、苏宁等零售终端合作，还有直营店。美的空调在重庆则借鉴了格力的模式，在当地与几家大的经销商合资组建了销售公司，把主导权交给当地经销商。

无论是哪种模式，利益永远是矛盾的集结点，国家之间如此，个人之间如此，企业之间同样如此。“格力模式”虽然为格力带来了巨大的成功，但也不可避免地存在着利益之争。

由于格力电器捆绑的经销大户之间以前在争夺市场时存在种种陈年积怨，加上各股东在合资公司内部股份不尽相同，区域销售公司的看似完美的外壳并不能掩盖各股东之间的矛盾。这为后来在局部地区出现“内乱”

埋下了祸根。

同时，由于格力过分依赖经销大户而忽视了销售终端的建设、实行严密的渠道控制也使得销售终端数量有限，造成了消费者与格力产品的隔离，这在全国三大中心城市上海、北京、广州尤其明显。格力表现较好的市场反而是远离家门口的安徽、湖北、重庆、河南、广西、东北、山东等地市场。

而在实际操作过程中，开始格力只是作为小股东存在，还没有真正控股，再加上监控的困难，在经营过程中很容易出现参与组建区域销售公司的经销商的违规操作、以权谋私等不良行为，这就很自然地损害了合资公司以及格力电器股份的利益。

虽然大局良好，但种种迹象表明，一场利益之争，在所难免。

让人想不到的是，在这场利益之争里，湖北销售公司竟然最先成为格力与区域大户“较劲之地”。

2000 年年末格力电器认为，湖北公司一些人想采用“移花接木”和“偷梁换柱”的手法，借格力品牌搞“体外循环”，将格力的资源转移到个人注册的小公司中去，损害二、三级经销商的利益，从中牟取暴利。对此，湖北格力公司的解释是，格力由于发展迅速，脑子里的“帝王意识”日渐增强，不把各地的销售公司放在眼里。

董明珠再一次展现了“打大户”的强硬作风。2001 年年初，珠海格力在湖北成立了一家“新欣格力公司”取代湖北格力销售公司。随后，年销售逾 5 亿元的湖北格力销售公司开始停止营运，董事长兼总经理郎青被炒鱿鱼，这成为闻名一时的“湖北兵变”事件。

类似的事件还在安徽、重庆、东北等地上演。当时安徽格力由格力电器与安徽当地的 3 个经销商合资组建，其中格力占股 25%。该公司在 4 个股东组成的董事会的领导下，由总经理负责经营管理，公司董事长一职由董明珠兼任。

安徽格力与格力总部的矛盾滋生于2001年4月中旬。格力总部在4月17日强行封了安徽格力的银行账户和仓库，停止供货并不准办公，安徽格力至此彻底停止营业。4月18日，安徽格力原财务部长（由珠海格力派出）被免职。4月20日，董明珠到安徽格力布置工作时，与安徽格力总经理余志华等人发生激烈争执。格力总部方面认定安徽格力总经理在企业内部管理过程中违规越权，主要是因为货款不及时交回总公司，并越过格力派去的财务部长，将资金调为他用。

面对变幻莫测的市场，没有哪种营销模式是一成不变的，“格力模式”也如此。董明珠对此有深刻地认识。当初有人称赞格力诞生了“20世纪全新的营销模式”，董明珠就已经意识到：诞生也仅仅是诞生而已，它还得不断成长，不断完善，不断适应新的市场形势的变化。

事实再次证明董明珠当初的判断是正确的。随着时间的推移、商业形态、竞争格局的发展而出现的种种变化，格力渠道的调整也先后在南方地区相继展开。

2003年8月，格力悄然开始了对渠道的改革。第一步，格力首次向分公司注入资金，增持分公司的股份，达到控股目的。在以前的模式中，格力只输出品牌和管理，占有少量股份。第二步，格力直接从总部派驻董事长和销售主管，总经理也由新股东担任。第三，重新划分销售区域，将从化、番禺、花都和清远等分公司直接划入广州分公司，惠州、东莞等分公司被划入深圳分公司。由此，广州和深圳销售公司势力范围得以加强。

对于这种变动，格力相关负责人的解释是，广州是格力的大本营，但销售业绩一直没有达到理想的目标，与企业的定位不相符，所以，只作策略调整，格力的销售模式并没有发生根本变化。

其实，早在两年前“湖北兵变”的时候，格力就已对安徽、湖北、广西三地的销售公司进行了股份调整，并从总部派遣人员在各销售公司管理层任职，成了大股东。

实际上，董明珠的真实意图非常明显：通过吸收其他实力小的经销商参股，削弱原大股东的地位，这样股东均为小股东，不足以跟格力叫板，实际上操控权便牢牢掌握在格力手中。

应该说，格力在整治各销售公司的过程中，整体实现了“软着陆”，凭借与二、三级经销商的良好关系，迅速组建新的销售公司，平息了内乱，加强了控制力，并成功地避免了销售业绩的下滑。

但是，即使格力拥有了相对稳固的销售模式，它也并不是一劳永逸，也许在一至两年内是安全的，但三至五年内未必就还依然能够适应，新渠道的调整和老渠道的变数依然存在着。董明珠所要面对的挑战，不会比原来小。

无论是格力股份制销售公司模式，美的自建和销售分公司共存制，还是海尔的自建渠道方式，以及志高空调的完全外包的销售方式，都是在行业利润还比较丰厚的情况下的一种选择模式。但随着目前产品价格的下移、原材料成本的上扬所导致的行业利润率的下滑，原有过多的介入和过长的渠道链条的负面作用凸显，于是各家都在调整原来所固守的销售模式。比如海尔，目前则更多的依托家电连锁体系进行产品的销售，而海尔工贸公司则处于管理和辅助的角色。海尔、美的等企业也纷纷成立大客户连锁部，以强化与家电连锁的对接、支持和服务功能，甚至海尔还与苏宁成立联合销售公司，更使其战略转型意义彰显。

那么，对格力来说，同样面临着利润下滑的问题。当初大家能够捆绑到一个战车上是因为看到了丰厚的利润，而一旦这种利润稀薄的时候，格力如何能够保证销售公司、代理商、经销商的利润体系分配？当这些问题来临的时候，是坚守还是转型已经是越来越现实的问题。

用董明珠的话说，格力积极建设专卖店、社区店的目的，就是想让格力专卖店未来的服务走向专业化、标准化。这种专业化、标准化要求：只要某一个消费者在格力专卖店买的一台空调，格力全国营业网点都知道他在哪一家专卖店买了什么型号的空调，什么时候装的机，该消费者所购的空调无论什么时候在什么地方出现质量问题，只要打个电话，格力的服务就能即刻到位。

可见，面对市场的不断变化，格力和董明珠也在不断调整着他们的营销策略。

格力渠道的加盟连锁方式将趋势如何？专家认为其最终将取决于两个字："快、稳"。

1. "流得快"，实际上是个效率问题，是一个管理问题，也就是连锁网络管理效率的问题，格力或许在这方面需要下些工夫，毕竟格力空调还只是制造业品牌，有些专卖店的运作还不够规范，很多内容还欠缺连锁复制的神韵，这将是"格力模式"的红旗能扛多久的关键所在。

2. "流得稳"，也就是节奏掌握问题，本质上是个战略问题，超常规的发展往往可能自掘坟墓，这是个发展与规范的权衡问题，格力一直以来的稳健应是值得信赖的。

可以预料，格力渠道未来的任何调整将很难跳出这一框架，忠诚加盟网络的打造和升级会是格力渠道发展的主旋律。

实际上"格力模式"不是一种简单的"渠道模式"，它已经超越了普通的营销渠道模式，而是一种连锁经营模式。更不是一个简单的管理概念，而是一个经营的概念。

处在一个多元化和多变的社会中，不可能有一劳永逸的经营模式。对格力而言，如果有不变的话，那就是产品的质量不能变，游戏规则的公平与透明不能变，其他的都应该随市场变化而作调整。显然，渠道精耕与深度分销的理念是新时期摆在董明珠面前很现实的问题。

依此，我们已经很明显地感触到格力的心脉，即强化其已经建立起来的股份制销售公司模式，在此基础上依循环境的变化注入新鲜的内容，比如强化销售公司的管理功能，将渠道下压，建立专卖店、社区店和精品店等，并且在逐步提升格力的技术与服务功能，并试图建立一个带有格力痕迹的标准。

4 返利经销商

对董明珠了解越多，就越有一种感觉：她似乎是一个被无意卷入商海的女人。无论是做业务员、经营部长还是现在成为格力总裁，她的思维永远都是超越于职位的限制。换句话说，虽然她人在商海，但她的思维却不属于商业人的思维，或者说，不属于商人的惯常思维。

我们知道，当局者迷，旁观者清。商场上，越是行业内的专业人士，越是在创新上难以跨越惯性思维的困局。有时候，恰恰是因为我们对行业内的规则和现状过于熟悉，以至于即使有了新鲜的创意和想法，也不敢轻举妄动。因为我们太熟悉行业内的现状，所以也就更清楚某些创意可能会遇到的困难。这时候，如果是一个外行人，反而会因为什么都不知道，能够根据自己的理解提出解决问题的办法。在内行人看来，外行人所提出的解决办法可能显得幼稚无知，一点都不现实。但谁敢肯定地说这些“不现实”的方案就不能变得现实？

董明珠给我的就是这种感觉。当然，她并不是空调行业的外行，恰恰相反，她可以说是空调行业的“专业人士”。但是，董明珠的行为却让我坚信，她是一个超越于行业规则的行业中人。她像一个为了实践自己的理念而积极“入世”的思想家，不断用自己的方式来验证自己理念的正确性。这也许是她能够获得“满脑子绝招的美女强人”称号的原因。

凡是部门经理，没有一个不为自己部门和手下谋福利要权利的，偏偏董明珠是个“异类”。

在别的空调公司，营销业务员按发展经销额来发奖金，是油水最肥的岗位。董明珠认为：应该限制营销业务员的权力。格力空调畅销，是工人的功劳，是科研开发者的功劳，一个成熟的产品，单单营销员拿这么大比例的奖金是不合理的。董明珠规定：凡格力的营销员不许拿回扣，拿1分钱，即开除。对营销业务员考核不是以销售额衡量，而是看与经销商沟通的工作量，市场调研、价格监督的工作量。即使格力做到最大，也只有23名营销业务员，每人负责一个省，只负责协调，不负责发展网络。而销售商分为一级、二级，每个地区都只有几个有限的一级经销商。由一级经销商发展二级经销商。不同的规模有不同的返利标准线。这样一级经销商倾向于努力扩网冲线，格力的经销网也就能够迅速膨胀。

董明珠还规定一级经销商负责监督二级经销商。一旦二级经销商质量或安装出问题就立即停一级经销商的货。

更让人惊讶的是，做业务出身的董明珠上台后不仅限制了营销员的权力，还开始削减营销员。她只保留了23名营销员，然后把节省下的高达亿元的营销费，全部拿来贴补经销商。这样董明珠始终只以23名营销员与竞争对手上千名业务员队伍抗衡。这是全国独一无二的营销方法，也是董明珠革命的内容。

就是在这23名营销人员中，开除和主动辞职的就有过10个人，当有人问“没有物质刺激，他们怎么会好好干活”时，董明珠称：“我们要靠制度来发展经销网，而不是一两个能干的营销员。”

董明珠看似不合常理的改革措施，却得到了经销商的拥护和爱戴。有经销商说：一些公司销售人员和经销商争利，甚至销售人员自己另开公司。格力不一样，完全靠我们经销商。在重庆，格力自己的员工只有5个人（1名业务员，2名开票员，3名售后服务人员），销售额3个亿。而春兰在重庆有自己的销售公司，有150名营销业务员，每年费用就要2000多万元。

1995年，董明珠发明了至今让人们称赞不已的“淡季返利”政策。

随着销量的高速增长，每当淡季时格力电器不得不向银行大量借债来购入原材料，生产的空调放在厂里又对库存造成很大的压力。当时，银行贷款利率高达7%，格力电器每年要支付1亿多元的利息。董明珠心想，与其把这笔钱交给银行，还不如把它用在关系更近的经销商身上。

于是，一种全新的厂商合作模式出现了。淡季时，经销商向格力电器投入资金，格力电器则把生产出的空调发给经销商，这样，既解决了格力电器淡季生产资金短缺，又缓解了库存压力和旺季时的集中供货压力。而经销商则可以得到两种好处，一是格力电器保障在旺季时向其提供充足货源；二是格力电器会支付合理的利息。

这就是董明珠独创的“淡季返利”模式。就是这一模式，让格力电器在1995年淡季回款比上一年增加3倍以上，足有11亿元。而对经销商而言，格力电器不仅保质保量供了货，还返利6000万元，这可要比他们把钱存在银行实惠多了。

1996年的“凉夏之战”，在董明珠拒不降价的策略下，很多格力的经销商不可避免地受到了程度不一的经济损失。这不是董明珠想要看到的，她不但要保持格力的利益，也要保持经销商的利益。为了补偿经销商的损失，董明珠决定拿出1亿返利给他们。不过，不付现金，而是根据每位经销商销售额的多少，分别打入下一年度。这就是董明珠的又一个发明：年终返利。

毫无疑问，年终返利对提高经销商的积极性起着极大的作用，经销商为了得到更多的返利补偿，就不得不更加努力拓展销售网络，这样一来，格力的销售额也就跟着急速上升。

不过，年终返利也存在着一个弊端：一些经销商如果预估到格力能够带给他们5个点的年终返利，他们就会在销售产品时自主降低3个点的利润给消费者，即使这样，他们仍然能够赚两个点的利润。而且销量越大，他们得到的返点就越高。

还有一部分经销商，根本就没想着靠卖空调赚钱，他们什么价格进货，就什么价格卖掉，赚得不是市场的钱，而是空调生产商的返利。

经销商的这种不规范操作，虽然使自己的利益受到了保护，却严重损害了上游生产商的利益。如果一个厂家的产品在市场上价格混乱，无论对产品的信誉还是市场的稳定肯定都不是一件好事情。

尤为严重的是，由于年终返利政策，格力的一些经销大户开始炒卖，把格力空调从甲地运往乙地倾销，当时不赚钱，指望年终得到补偿，同时打击对手。一些实力有限的小经销商受不了这种竞争，开始退出格力，经销其他品牌的空调。

面对年终返利所带来的不良后果，董明珠再度出手，制定了新的限制政策。1997年格力产品开始实行条形码，限定区域，不允许跨地区销售，目的就是为了控制产品流向，防止冲货现象。但即使这样，仍有经销商私下冲货。以湖北为例，它地处华中，四通八达，最容易冲击全国市场。1997年实行条形码控制产品流向后，仍不足以控制它的辐射，产品到了江西、河南、广东、重庆，连二级经销商也搞炒卖。

董明珠意识到采用条形码的方式弊端极大，有点像筑坝堵洪，堵肯定不如泄好。虽然1997年格力的销售额再度市场第一，但如果不能及时对这种现象进行规范，格力的未来也后果难料。

正是在这样的背景下，董明珠发明了被经济学家称为“20世纪全新营销模式”的销售方式，也就是格力模式。

一系列的创新措施，让格力获得了充足的视野，也让董明珠成为了大家关注的焦点。但是，作为空调生产商，格力仍然要面对许多的客观困难。空调是季节性产品，通常9月份到第二年3月份是销售淡季，4月份到8月份是旺季。由于这个原因，所有空调厂都实行淡旺季两种价格——3月31日晚到4月1日凌晨，随着午夜钟声敲响，空调出厂价至少有两个百分点的利差。

两种价格自然意味着两种不同的利润。大多数空调厂都在想同一个办法：如何把旺季提前一个月，也就是由4月份提前到3月份，这样销售旺季就可以多出一个月来。

董明珠在此时表现出了她与众不同的逆向思维。就在别人尽量想把销售旺季延长一个月的时候，她却独出怪招，宣布格力空调淡季延长一个月，4月继续执行3月的淡季价。

此招一出，石破天惊，舆论一片哗然。

经销商虽然精明，但却精明不过董明珠。和经销商的精明相比，董明珠更有点大巧若拙、大智若愚的味道。她这怪招一出，经销商无不迎风而倒，败于手下。中南某公司原打算4月进三个品牌的空调，分别是美的、日立、格力，按4：4：2的比例进货。现在格力突然延长淡季一个月，也就意味着大多数空调都在以旺季价格出售的时候，他却仍能够以淡季的低价格在格力进货。这家公司的总经理立即打电话告诉部下，全部进格力，并一下打了8800万元给格力。

众多的空调生产商这才回过味来。多年来，他们一直都在研究格力的经营策略。这一次当他们醒过来的时候，又已经晚了——经销商的钱都已经打到格力的账上了。他们只能再一次发出长叹："董明珠也忒狠了——这么多年，我们怎么就没有想到这一招。"

要说董明珠狠，那肯定是对她不公平的评价。客观地说，董明珠能够获得如此成功，还要归功于她那企业家的思维与情怀。一个真正的企业家，是不会被某一点利益、某一时的利益而诱惑的。如果每一个厂家都能够像董明珠那样考虑经销商的利益，考虑消费者的利益，他会不会也能想出很多“绝招”呢？我们不得而知。

5　游戏规则的破坏者

诗人席勒曾说，世上的生灵，只有人才会玩游戏；也只有会玩游戏的，才会成为真正的人。

那么，什么样的人才算会玩游戏？那些在已定的游戏规则之内叱咤风云的人算不上会玩游戏，真正会玩游戏的人，是能够自己制定游戏规则，并且能够左右游戏规则的人。

毫无疑问，董明珠就是这么一个人。叱咤市场十几年，董明珠总是能够让别人跟着她的规矩走，这就是她的高明之处。

制定游戏规则者，首先要破坏游戏规则。从另一个方面来说，破坏游戏规则，也就意味着要创新。而能否创新，恰恰是现在很多企业发展的“瓶颈”。

中国企业的创新意识，在近几年有愈演愈烈之势，这是好事情。不过，在创新之前，我们先要明白创新的含义。

将发现新大陆者作为莫大荣幸的西方人有着强烈的开创意识，正如GE前CEO杰克·韦尔奇所说：“舍弃过去，迎向未来。”过时的经验确实应该保存，但过时的内容、过时的论调均应统统舍去，如此才能走向一个未知而崭新的未来。著名学者海默尔也曾说过同样的话：“忘记过去，因为时不再来。”

在西方商界的游戏规则中，有这样三种角色需要准确确认：“你是游戏的制定者，还是游戏的跟随者，或者你是一个破坏者？制定者自然是某一行业的开创者，由于自身老大的身份而高居在上，垄断着行业的游戏规则，例如计算机业的 IBM。除此，还有众多游戏规则的跟随者，它们的规模比老大要小，完全是按照老大的经营模式来进行操作，因此，在规模上超越老大基本上是不可能的，很多中小型的计算机公司都属于这一类型。”

但是，并不是说老大的位置可以永葆第一，商界上还有一些游戏规则的破坏者。这些企业勇于打破现状，勇于提出一些新的概念和思维，它们完全有可能取老大而代之。例如，计算机业界最著名的破坏者戴尔，它用直销的经营模式，超越了 PC 机正常的营销渠道。这一模式的成功迫使 IBM 向服务大力转型，也间接促成惠普和康柏合并等等，戴尔将计算机硬件销售的游戏规则破坏得非常彻底。像微软的比尔·盖茨和 CNN 的老板特德·特纳，他们成为游戏破坏者的同时也担当了一个商界变革者的角色。

比尔·盖茨强调的一个概念是速度领先。当时，一般的思维方式是软件要随着硬件的变化而变化，各种各样的软件设计商总是等硬件出来之后，才来设计与之相匹配的软件。但是比尔·盖茨认为这样不行：如此，软件将永远落在硬件的后面，“我们将输掉我们的速度”。所以，盖茨提出：“要在硬件出来之前就设计软件，等硬件出来之后我们需要做的只是一些修改。”正是这一想法的确定使微软时刻保持着商业先机，甚至使硬件开发商成为微软的附属者。

特纳是 CNN 的总裁，在 20 世纪 70 年代末开创 CNN 的时候，这个台是第一家 24 小时新闻台，当时美国的三大电视台老板都在笑透纳是个疯子，有谁会 24 小时看新闻呢？但特纳认为，开办 24 小时新闻台的目的并不是让观众 24 小时都看新闻，而是让观众 24 小时都能看到新闻。除此之外，特纳还将无线电视变为有线电视，使有线成为主流。对这两项游戏规则的破坏均成为 CNN 的立足之本。

可见，行业的领导者，实际上也就是那些敢于突破原有的游戏规则，进行自我创新的企业。当然，破坏行业的游戏规则，并不意味着一定能够建立起新的规则。但要想建立新的游戏规则，自己掌握主动权，却必须先对原有的游戏规则进行破坏。

安迪·格鲁夫认为公司战略有两种，他引用物理学上的一个概念来阐述：线形和非线性。如果一家公司的战略行动的效应只改变了自身的竞争地位而非整个环境，该行动就是线性的。相反，非线性的战略行动则会使竞争环境发生变化，而该公司及其竞争对手都必须应付这一变化。就如搅动水与搅拌一碗奶油的区别，如果搅的是水，水会旋转起来，用的力气越大，水转的越快，但是它终究是水；相反，如果搅动的是一碗奶油，则会越来越稠，最后变成黄油。

一家公司的非线性战略行为会使竞争环境发生变化，令竞争对手也不得不应付这一变化，从而在新的竞争秩序中取得更快速的发展。

确切地说，董明珠的很多营销战略，处于线性与非线性之间。她部分地改变了行业的竞争环境，但主要的还是改变了自身的竞争地位。虽然目前有很多的企业在学习她的销售模式，但空调行业大的环境却并没有受到非常大的冲击。这主要是因为，中国的大多数行业，一旦达到了非线性战略的标准，改变了整个行业的游戏规则，采取的往往是降低价格的方式，而这，恰恰是董明珠不愿采用的手段。

仅从结果上来看，神州电脑算是非线性竞争的典型。

几年前，品牌电脑台式机普遍面临低配置高价格的“瓶颈”；笔记本高达数万元的价格更是让普通消费者望而却步。台式机联想一股独大，方正、同方相互追赶，笔记本则牢牢把控在国外 PC 巨头手中。中国的电脑市场在国内国外 PC 厂商的统治下“一团和气”地竞争着。这时，一个振聋发聩的声音打破了这种和谐。“4880，奔 4 电脑扛回家”一时响彻大街小巷，神舟电脑宣告了中国 PC 平价革命的开始。神舟电脑凭借高配置低价格在市场上迅速蹿升，被业界喻为“价格屠夫”和“平价革命的领导者”。无论业界评价褒贬，但有一点必须承认：神舟电脑不断打破市场现有规则，使产业竞争不断加剧。

纵观 2003 年的笔记本电脑市场，从神舟笔记本在 2003 年 2 月 27 上市以来，就陷入了新的竞争秩序。“5980，笔记本电脑提回家”的口号，使消费者第一次认识了笔记本电脑的真实价值。神舟笔记本每一款产品的价格相较其他品牌的同配置笔记本都要便宜数千元以上。针对神舟电脑的行为，国内外其他厂商也不得不跟进降价。价格竞争打破了笔记本行业赚暴利的陈规，进入了新的竞争格局，神舟电脑也利用自己在研发、渠道、成本控制等方面的优势确立了市场地位。

笔记本电脑是高科技产品，维修技术十分复杂，购买笔记本的用户也会更多地考虑售后服务因素，很多用户常常为等待笔记本修复浪费数月的时间。2003 年 10 月，神舟笔记本电脑再次打破行业规则，郑重承诺“笔记本服务零等待”：任何一款神舟笔记本电脑在购买之日起一年内出现品质问题，可以立即无条件更换。服务对于厂商来说构成巨大的成本，相对 IBM 等厂商不保修水货，提高服务门槛相比，神舟电脑的一年包换的高品质服务，不能不说是再次打破了行业服务规则。这与董明珠所提出的“整机六年免费保修”服务战略有异曲同工之妙。

董明珠虽然不能够完全改变整个行业的竞争环境，她的独具一格的新的游戏规则，仍然对整个行业造成了一定的冲击。目前，已经有越来越多的家电制造商发现与家电连锁店合作的弊端，纷纷开始构建自己的销售渠道，这不能不说是在一定程度上受到了董明珠的影响。而且，目前有一些空调制造商也在模仿格力的营销模式。从某种程度上说，格力模式已经成为空调行业的一个标杆，正受到越来越多厂家的学习。

但是，仅仅学习是不够的。一个企业要想成为新游戏规则的制定者，就必须具备创新思维。毕竟，跟在别人的屁股后面学习，是永远无法超过对方的。

思维模式变革的必要性，就是要革命性地改变我们的想法。地球不自转，不会有明天；我们不变，也不会有明天。我们要不断地动脑，企业经营需要有策略思考，并建构新的游戏规则，时时认知经营环境的变化趋势和因应发展的策略企图。

经济全球化、资讯网络化的冲击，竞争会更加激烈，我们必须全新地改变企业经营观念。我们要想在这急变的环境中发展，就必须抛弃过去成功的做法，否则，我们的企业可能在这变化中消失掉。未来绝不是过去的延续，我们需要主动创造未来，而不是去适应变化，适应变化太慢了，对我们发展不利。只求稳定或满足现状的企业，将无法生存于未来，未来成功的企业必须打破现状，挑战自己，超越自己。所以，真正的竞争不是和别人的竞争，而是对自己的竞争，只有不断挑战自己，我们才能不断突破，不断制定出新的游戏规则。

虽然创新也需要学习，但学习只是一个基础，最终要做到的是思维的改变。思维如果做不到创新，我们就永远只能处于模仿的地位，不可能超越我们的模仿对象。

现在很多企业都在宣扬创新，响应国家提出的自主创新的口号，但真正能够做到创新，特别是技术创新的，在家电行业还是凤毛麟角。

经济全球化是无法抗拒的趋势，我们对此趋势的反应将决定我们的命运，换句话说，它将决定国家经济发展的成败及人民的命运。因为一个国家的经济要靠企业的竞争力，企业的竞争力强了，这个国家的经济就发展了。经济全球化已超越国界，有着文化均质化的功能。

中国加入世界经济体系成为全球最大的生产基地，这在全球经济一体化格局中应该是一个举足轻重的角色。但是，如果要在世界经济舞台上占领一席之地，仅仅满足于作生产基地远远不够，应该立足创新，成为全世界的创造基地。我们中国企业必须学会创造，开拓属于自己的产品和市场，才能真正具有竞争力。

格力能够成功，也不仅仅是因为董明珠进行的渠道创新。毕竟，如果产品的技术创新跟不上，渠道创新所带来的好处也只能是一段时间。伴随着董明珠渠道创新的，事实上是格力空调的技术创新。这是一个同步进行的过程，假如没有格力投入大量的人力物力进行技术开发，再优秀的渠道也不可能让格力空调做到行业龙头的地位。

而且，仅仅建立新的游戏规则也是不够的，能不能在新规则建立后，完全按照规则办事，也是能否成功的关键。假如董明珠建立新的游戏规则后，格力不能够完全按照她的原则做事，那么格力能否成为今天的世界品牌，也是一个未知数。

新的游戏规则，必须坚持合作共赢的原则，才可能得到有效的实施。否则，为了自己的利益而伤害了对方的利益，就不可能有人遵守新的游戏规则。这个理论，可以用“零和游戏”来阐明。

零和游戏是指一项游戏中，游戏者有输有赢，一方所赢正是另一方所输，游戏的总成绩永远为零。零和游戏原理之所以广受关注，主要是因为人们在社会的方方面面都能发现与零和游戏类似的局面，胜利者的光荣后面往往隐藏着失败者的辛酸和苦涩。

20世纪，人类经历了两次世界大战、经济飞速增长，科技进步、全球一体化以及日益严重的环境污染，零和游戏观念正逐渐被双赢观念所取代。人们开始认识到利已不一定要建立在损人的基础上。通过有效合作皆大欢喜的结局是可能出现的。但从零和游戏走向双赢，要求各方面要有真诚合作的精神和勇气，在合作中不要要小聪明，不要总想占别人的小便宜，要遵守游戏规则，否则双赢的局面就不可能出现，最终吃亏的还是自己。

从董明珠的营销事例中我们发现，她采取的恰恰就是双赢的策略，这就是为什么她能够让对方接受她的新游戏规则的原因。

而且我们知道，董明珠不但在对外合作中坚守游戏规则，即使在企业内部，针对内部员工她也是坚决地遵守企业规则的人。正是在她的带领下，格力电器的员工产生了一股凝聚力，如果没有这股凝聚力，格力能否爆发出其潜在的力量，也不好说。很多企业也有优秀的企业制度和营销模式，甚至在技术上也处于行业领先地位，可由于企业领导者不能以身作则，带头遵守企业的规章制度，以致上行下效，最后导致企业的崩溃，这种状况在企业中也不少见。

规则在规范企业管理及员工行为中的作用不言而喻，俗话说“没有规矩，不成方圆”。即便如此，规则在企业中受到破坏的现象仍屡见不鲜。而且，据调查，90%以上规则的首先破坏者是企业的高级管理者而不是一般员工。尽管普通员工破坏规则或违反制度的行为不在少数，但主要原因在于其绝对数量的巨大。如果就规则破坏的人均数量而言，高级管理者要数十倍地高于普通员工。而且，许多普通员工违反规则正是因为高级管理者带头违反规则的示范作用所引起的。由于高级管理者往往正是规则的制定者，所以他们对规则的破坏所带来的负面作用、对组织及规则体系的消极影响无疑是巨大的。

鉴于此，称董明珠为游戏规则的破坏者并不很恰当，确切地说，她应该是游戏规则的制定者与遵守者。她是属于有建设性的破坏，而不仅仅是破坏。如果一个人把房子推倒了，却不能建起一座的新的房子，那么这个人就是破坏者；反之，如果这个人把房子推倒后还能建立起更好的新房子，那这个人就是建设者。毫无疑问，董明珠就属于建设者。

当然，格力能够有今天的成就，并非因为董明珠制定了游戏规则，而是因为她在不断地制定新的游戏规则。

破坏旧的游戏规则，制定新的游戏规则，再破坏，再制定，一次次地挑战自己，这是董明珠成功的原因之一。

营销产品就是营销文化

1　没有硝烟的“服务战”

当今社会，一种产品要想获得消费者的青睐，只靠产品质量过硬显然已经远远不够。在这样的一种市场状况下，努力把自己的产品打造成知名品牌，就成为众多厂家的必要选择。

在一个竞争日趋激烈，利润越来越薄，技术差距越来越小的行业，一个知名品牌又该如何保持、增加它的竞争优势?

卖方时代，人们尊奉的是“卖出去就是硬道理”，卖出去之后如何，厂家不屑一顾；可在买方时代，如果仍然持卖出去就不管的观念，只能导致自己的产品在市场上无人问津。

此时，服务彰显出它独特的竞争优势。

经营之神松下幸之助说：“服务，无论是在生产还是在销售上，都是首要因素。”暂且不论这句话是否绝对正确，但它从一个角度说明了服务的重要性。特别是在产品同质化现象越来越严重的今天，优质的服务不仅仅是市场竞争的武器，更是企业生存的技艺。

但是我们说过，在买方市场，一个产品的竞争力并不仅仅在于其质量，还有完善到位的服务。和国内相比，国外的家电企业起步早，行业比较成熟，我们尽管可以在短时间内赶上对方的技术，却很难在短时间内学习到对方成熟的服务经验。这不仅仅是因为我们服务理念的落后，还因为我们面对的消费者，在消费理念上和国外有着较大的差异。这种差异，是国家之间、民族之间文化的差异。因此，我们无法把国外成功的服务经验直接移植到中国来。

不管怎么说，中国的家电企业已经认识到了服务的重要性，并陆续打出了服务这张牌。海尔在中国是比较早地打服务这张牌的，而且把这张牌打到了极致。到现在一提起海尔，人们还能立即想起“真诚到永远”这句曾风靡一时的口号。

空调本来就是一个对服务要求比较高的行业，它不像彩电、冰箱。空调买回家后，如果安装得不标准，轻则对用户的居住环境造成破坏，严重的话，空调的使用质量也会受到影响，所以空调行业有“三分质量七分安装”的说法。

虽然空调本身的特性决定了服务的重要性，但空调行业的服务质量却不容乐观。由于和其他行业相比，这个行业的利润还算比较“丰厚”，这就导致了很多资金比较充足，但并不具备技术实力的公司也加入到这个行业来，梦想着分一杯羹。这些公司是为了赚钱才做空调，而不是为了做空调来赚钱。赚钱的唯一目的使他们完全忽略了消费者的利益。只要产品能卖出去，他们的目的就算达到了，至于消费者买到的是否是合格的产品，他们并不关心。虽然他们也会采取各种手段渲染自己的服务，但那都是难以兑现的服务。他们本来就是抱着赚一把就走的心态，公司能够支撑多久自己都没有把握，又怎么能够真心去做好售后服务？

价格战很大一部分原因就是由这些厂家造成的。当然，他们会给价格战冠一个好听的名字，比如“让利献爱心”等。其实，天下本没有免费的午餐。每件产品都有它本身的价值，如果价格太低，连本钱都不够，以赚钱为目的的商人们肯定不会做这种折本买卖。既要低价卖掉产品，还要赚到钱，这些商人们就只能走偷工减料的路子。要么空调的各项质量不达标，要么请毫无安装经验的民工负责安装工作。要知道，受过正规培训的员工安装一台空调，费用大约要一二百元，而请民工只需几十元就可以了。最后受到损害的，只能是消费者的利益。

格力也要赚钱，但格力不是为了赚钱才做空调，而是为了做空调赚到钱。一直以来，格力电器都十分重视售后服务，并致力于创造一个“服务名牌”。而且，格力的服务是建立在一个独特的服务观和一套独特的服务手法之上的。

格力空调独特的服务观就是：空调产品的服务要强化在售前售中。也就是说，要尽量在用户使用空调之前，把可能会出现的各种问题解决掉。这包含两个方面：第一，空调的质量要过关；第二，空调的安装要标准。

这就要求格力的空调不但要在质量上过关，还要保证安装人员的专业化。任何一个方面出现问题，都只能在售后才能解决，这就严重违背了格力的服务观。

鉴于此，格力不但提出了“空调产品的服务要强化在售前售中”、“不拿消费者当试验品”、“强化质量意识，超越售后服务”的口号，还严把产品质量关、材料进厂关、生产关、储运关、安装关，努力做到“零缺陷”。

“零缺陷”是全球质量管理大师、管理思想家克劳士比在20世纪60年代初提出的，它主张企业发挥人的主观能动性来进行经营管理，生产者、工作者要努力使自己的产品、业务没有缺点，并向着高质量标准目标而奋斗。它要求生产工作者从一开始就本着严肃认真的态度把工作做的准确无误，在生产中从产品的质量、成本与消耗、交货期等方面的要求来合理安排，而不是依靠事后的检验来纠正。零缺陷强调预防系统控制和过程控制，第一次把事情做对并符合我们承诺的顾客要求。

在大家都在想尽各种办法完善售后服务时，格力如此强调售前和售中的服务，不能不说是一种超前思维。改革开放之初，中国的各种产品，特别是家电产品，都属于紧俏货，能买到就不容易了，消费者根本不敢奢求什么售后服务。随着改革的进一步深入，市场的进一步开放，所有行业的产品慢慢都处于供大于求的状态，这就促使厂家和商家不得不通过完善的售后服务来吸引消费者的青睐。刚开始的时候，消费者对厂家的这种服务感到非常满意，很多顾客找到了“上帝”的感觉。可是，消费者的购买欲也是越来越理性的，当他们意识到这种售后服务在很多时候意味着他们买到的产品质量不过关时，他们就不会再对这种“上帝”的感觉满意了。

而且，随着各种“星级服务”的兴起，中国空调行业出现了一些怪现象：消费者买回一台空调，隔三差五就会接到一些电话，“空调用得怎样？有没有什么问题？”甚至在你吃饭时，或者是休息的时候，这种“热情”的服务电话也会不期而至。这显然严重影响了消费者的正常生活，同时也从另一个侧面反映出：某些厂家纯粹是为了服务而服务。他们并不是真心为消费者着想，他们只是想要消费者知道，他们有着完善的售后服务。这些商家希望用这种方式来提高自己的美誉度。当然，也许还有另一个原因，那就是这些厂家确实对自己的产品质量不放心，对自己的产品没信心。

对这种现象，董明珠也有自己的看法：很多品牌现在都宣称24小时服务，电话回访，产品一安装，马上问空调好不好，空调有没有问题，第二天又打电话给你，问空调有没有问题。对于这样的做法，如果按正常的思维去分析，就有问题：第一，企业本身对自己的产品没有信心，我装了后根本不用打电话，我相信自己的产品没有问题，而用电话咨询要产生成本，不可能是无偿的，付费谁承担？我相信企业没有额外资金来承担，而是通过利润化解，这实际上是对消费者不负责任。第二，消费者认为我的产品坏了有人修，其实产品有问题厂家给你修，是必须要做的，是一个义务、责任，售后服务不能拿来作为吸引消费者买产品的理由。如果一味地宣传售后服务如何如何好，证明他落后了。

不管怎么说，当消费者的购买欲越来越理性的时候，他们就会对这种过度的售后服务感到厌烦。同时，强化产品的售前和售中服务也是时代发展和服务本身发展的要求。那种事后补救的单纯的维修服务方式不但已不适应形势发展的要求，还给企业带来了很大的负担，有时候甚至会弄巧成拙，严重影响到产品的声誉。

虽然“零缺陷”和“24 小时上门维修服务”孰好孰劣仍存在争论，格力仍然一如既往地用自己的方式验证着自己的理念。1998 年 4 月，在新出厂的格力空调装箱单中，增添了一张“中国质量万里行杂志专项质量投诉卡”。这就意味着消费者如果对格力空调有不满之处，随时都可以在“中国质量万里行”杂志对之进行投诉。这是一个很惊人的举动，也是一个充满自信心的举动。截至当时为止，还没有哪一家企业敢让一家专门报道质量问题的杂志对自己的产品进行随时监督。格力是第一个吃螃蟹的企业。

惊人的举动不止如此，抱着真诚服务的理念，格力在 1999 年又举行了一场让行业震惊的“800 万用户大回访”活动，它向业界展示了一种全新务实的服务手法。从 1999 年 10 月中旬开始，格力在全国启动该活动，历时两个多月，动员人力近万人，在十几个省、市、自治区的销售范围内，为消费者无偿保养空调数百万台。

格力这一举动再次首创家电售后服务之先河。“嫁出去的女儿不是泼出去的水”，格力做到了经常像走亲戚一样去看看“自己”的空调。格力的服务理念在消费者那里得到了热情的回应。投入数千万元“亲情服务”一回，这是需要胆识的。在国内，格力大胆地第一个这么做了，而且做的轰轰烈烈，让人回味无穷。

格力此举不仅是向消费者介绍了一种日趋完善的服务方式，同样它也是在导入一种超脱于价格战、抢滩战的新的“战争领域”，从某种意义上说，这是一片全新的蓝海。如果此举能够带动国内家电行业共同提高在国际服务竞争中的战斗力，那么这就不仅仅是消费者的福音了。由于在服务理念上进行了全面提升，所以消费者感受到的必然会是一个持续的、长期深入的亲情服务，而不会像家电商战初级发展阶段中的那些普通而暂时的促销活动一样昙花一现。

朱江洪对“800 万用户大回访”的必要性和内在动力，看得更远。他将这个活动的背景概括为“5 个转变”：

第一是从被动服务向主动服务的转变。过去是有问题找厂家，现在即使没问题厂家也会主动上门察看。过去是需要投诉厂家才会派售后服务人员过去，现在不用投诉厂家自动找上门去。被动是有病才医，现在是小病就医好，没病防病。

第二个转变是从售后服务向售前、售中、售后一条龙服务转变。

第三个转变是向消费者灌输使用知识，让消费者与企业配合服务，也就是从自我了解到消费者共同了解的转变。

第四个转变就是由企业行为到社会行为的转变。空调产品已不是单纯的企业行为，一个企业不可能把服务的各个方面都做好，要发动大家来做。

第五是从虚到实的转变。虚的没用，要实实在在让消费者满意、感动。

总之，这次“800 万用户大回访”活动，无论对社会还是对企业，都起到了震撼作用。而这种免费为消费者进行空调保养的举动，其灵感却来自一次偶然的事件：有一位台商买了新房子，准备装七八部格力空调。这位台商在谈妥了空调的价格后，又特意增加了一部分钱作为空调保养的费用。而且，他对空调的售后保养特别重视，在护养条款中对诸如一年两次上门清洗、每年为室外机支架上一次漆等都作了具体要求。

这件事对董明珠的触动极大。她意识到成熟的售后服务不只是一种维修责任，还应该包括一种护养能力，而且，是主动服务，而不是别人找了再去服务。

虽然格力一再强调要保证售前和售中服务，淡化售后服务，这却不足以说明格力不重视售后服务。2005 年，格力再次提出了令行业震惊的“整机免费六年保修”口号，伴随这一口号的，是格力电器当年销售量突破 1000 万台，成为名副其实的世界冠军。

为什么在销量如此大的情况下，格力又提出了如此口号？董明珠道出了其中缘由：格力电器提出“整机六年免费保修”是因为格力电器已经在产品质量和技术上做到了产品六年不需要维修，而此举也迫使行业内其他企业要把产品质量搞上去，无疑推动了行业的进步。

2004 年格力卖掉了 700 多万台空调，即使故障率只有 1%，也有 7 万台需要维修，而这 7 万台的维修费用，大约要一两个亿。即使格力空调成为世界销售冠军，一两个亿的维修费用也不是一个小数目。

显然，格力提出“整机六年免费保修”，一是向消费者表明格力空调的质量保证；二也是继续给自己施加压力，在技术和质量上进行再突破。否则，卖得再多，那几个亿的维修费用也把赚得的利润给抹除了。

说到底，这是一种对消费者负责的态度。就在 2006 年 6 月 7 日，中国家电维修协会对外公布“2006 年度用户放心空调品牌”，格力凭借完善的服务保障体系和在空调行业率先推行“整机六年免费保修”的创举，成为 6 家获此称号的品牌之一。

中国家用电器维修协会负责人表示，目前空调企业的服务保障能力参差不齐，而作为国内空调行业的龙头老大格力，其服务水准已经在行业内起到了模范作用。

多年来，格力电器秉承“空调服务更应注重售前售中服务”、“您的每一件小事，都是格力的大事”等服务理念，通过售前严格控制产品质量、售中切实保障安装质量以及先后推出“快速反应部队”、“专家服务”、“免费大回访”、“安装巡视制”、“六年免费保修”等创新的服务举措，在广大消费者中形成了“买品质、选格力”的良好的声誉和口碑，得到了广大消费者的信任和青睐，并由此连续多年来保持了市场占有率行业首位的领跑地位，2005 年还成为家用空调销量的“世界冠军”，因此格力成为“2006 年度用户放心空调品牌”理所当然。

2 不拿消费者当试验品

虽然格力提出了“整机六年免费保修”的口号，但诚如董明珠所说，之所以提出六年而不是七年八年，是因为格力对自己的空调质量有着充足的信心——六年之内基本上不需要维修。而且，当有人把格力空调的竞争力归结为销售模式或者售后服务时，董明珠却有着截然不同的观点，她认为格力产品的竞争力是“产品力”。

营销出身的董明珠曾明确提出：“仅仅营销还不够，产品才是第一。”其实，从广义上来说，“营销”是包含“产品”这个概念的。董明珠如此说，目的就是想进一步强调“产品”的决定性作用。质量是一个产品销售的前提，任何一个产品，只有具备了良好的质量，才有可能卖个好价格，才敢跟渠道大户叫板，才敢说花钱的广告促销比不上消费者的口碑促销。

在产品制造上，格力有一个与众不同的设计理念——不拿消费者当试验品。在设计中，格力坚持这个原则，新产品设计出来以后，必须经过试生产，长期运转实验、重新设计等长时间的试验过程，质量过关才能正式生产并投放市场。

在如何提高产品的质量上，格力走过了一条艰难的“长征之路”。

1991 年，格力电器刚刚成立的时候，已经是空调行业的“迟到者”了。当时，格力一条破旧的窗机生产线年产能不过 2 万台，而竞争对手却已经达到几十万台甚至上百万台的规模。格力当时连工资都快发不出来，数次登门拜访银行，不是被断然拒绝就是吃闭门羹。

但格力人没有气馁。在格力电器成立之初的一次全体员工大会上，朱江洪激昂地说："既然选择了做空调这条道路，我们就要义无反顾地走下去，做好它，并做成中国最好的空调！"

在这样的信念之下，格力的设计员日以继夜地边设计边出图，困了趴在桌上打个盹，饿了吃方便面；为了赶进度，二楼还在施工，一楼就已经投产，砂浆、水泥块随时从空中而落……

20 世纪 90 年代初的空调市场还是卖方市场，产品还没下线，已经有大批订单等着，无论质量好坏统统被搬上货车销往全国各地。创立之初的格力还处在模仿制造初期，在质量上也遇到过令人尴尬的场面。

当时，有些刚安装的格力窗机竟然无法启动，一检查，原来是运输过程中空调的铜管被震断了。

时任格力电器总经理的朱江洪也有过这样的亲身经历。

1994 年，在意大利首都罗马，一家正在装修、即将开业的餐厅里，当安装工人们在安装从中国运来的格力空调时，一台正在试运行的空调发出"哗哗"的响声。

那时恰逢朱江洪正在意大利进行用户调查。意大利客人盛怒之下把他奚落了一番，面红耳赤的朱江洪亲自拆机检查，机子打开后，大家都傻眼了——一块海绵正搭落在风叶上。

得罪客户的罪魁祸首居然是一块没有粘紧的海绵。朱江洪痛定思痛，下了一个影响企业发展的关键性决定：狠抓质量，打造精品。

从 1995 年开始，格力开始了全面的质量整顿。设立零部件筛选分厂，进厂的每一个零配件，都要经过各种检测，合格后方能上生产线；制订"总经理 12 条禁令"（现已延伸为"总裁 14 条禁令"），对生产过程中最容易发生问题的操作作了不近人情的规定，任何员工只要违反其中的一条，一律予以辞退或开除……一系列“心狠手辣”的措施，稳步提升了格力空调的质量。

为了控制零部件的产品质量，格力还建立了行业独一无二的零部件筛选分厂，这个分厂对进厂的每一个零配件都要质量“过滤”，连最小的电容都不漏过。为此，格力还成立了“质量宪兵队”，由公司董事长朱江洪亲自担任宪兵队队长，专门监督检查各环节中的质量问题。

很多人都知道张瑞敏用铁锤砸冰箱的故事，但可能并不知道格力也曾经发生过类似的事情。

为了严把产品质量，格力下设的技术部、质检部、企管办、总装分厂联合向公司实行空调器质量承包。当时的朱江洪总经理让人在总装分厂厂部放了一个大铁锤，只要有产品质量不达标，就由这四个分部的负责人当众用这把大铁锤砸烂，并对有关负责人进行处罚。若是质量达标了，就重奖。

“要让消费者觉得买格力的产品就是买放心、买舒心。交到消费者手里的产品一定是百分之百放心的产品，我们绝不能把消费者当试验品!”这是经常挂在朱江洪嘴边的一句话。

技术出身的朱江洪如此重视产品质量，我们可以理解。但如果营销出身的董明珠也如此重视产品质量，我们就要探究一下其背后的原因了。

通常来说，一个企业内部总会有众多的部门，站在局部的利益考虑，每个部门都是必不可少的，也正是这个原因，很多人总是在哪个部门更重要上持有不同的观点。以销售部和质量部为例，最常见的争论就是销售部认为没有自己对市场的开拓，产品质量再好也卖不出去，而质量部则认为没有过硬的产品质量，销售能力再强也是“巧妇难为无米之炊”。

这两种认识都没有错误，但却不全面。销售能力再强，也不可能卖掉一堆破烂；质量再好，没有强有力的销售，也难以在竞争激烈的市场上脱颖而出。从全局来看，这两个“拳头”有一个不够硬，就会影响企业的发展。

这样看来，习惯于从全局思考问题的董明珠重视产品质量，也就不足为怪了。

1996年，格力“冷静王”分体式空调问世，其能效比达到3.35，噪声仅342分贝，成为当时国内噪声最小、制冷效果最好的空调。

1998年，格力开始了空调“换气技术”和天井机技术的研究，随后推出“格力2000”、天井机等革命性产品。

当时，变频空调开始推出，众多厂家都怕落伍，用所谓的抓住“机遇”，急功近利地将不成熟的产品投放市场，结果纷纷出现“死机”现象。

在众人都在抓“机遇”的时候，格力却静下心来努力提高自己的产品质量。同是一片风叶，格力电器而是在研究如何使它的风量更大，噪声更低；同等输入功率前提下，格力空调的制冷量力争比同行多输出，哪怕是0.1瓦，以增加能效比。火焰山所在的吐鲁番地区以天气炎热著称，国内某著名厂家的空调送过去就“趴下”了，机器烫得根本无法制冷。格力电器将专门出口沙特阿拉伯的沙漠空调送过去，很快占领了整个吐鲁番市场。

市场开始对格力翘首以待。1997年格力变频空调在格力驻各地办事处开始使用，很多经销商见了纷纷开口要货，但格力却本着“不拿消费者当试验品”的理念，不将不成熟的产品推向市场，拒绝了经销商的要求。

为此，有经销商说格力太傻，痛失良机，但格力认为当时掌握变频技术尚未稳定和成熟，需要反复研究测试才不会死机，并且再生产50台样机试验，仍然没有问题，才决定大量投入市场，此时已经是2000年。

虽然一时慢了半拍，后来格力变频空调的质量却获得了消费者的称赞与推崇。

2006年夏天，重庆出现了50年一遇的高温——44.5℃，并且连续96天大旱。奇高无比的室外温度，使大部分空调纷纷趴下。但是，曾获得“沙漠空调”美誉的格力空调依然坚持着，为重庆人民送去难得的一片清凉。原来，按照国家标准和国际标准，一般空调针对于常年最高气温在43℃的温带气候设计，而格力空调的标准则是常年最高温度在52℃的高温气候环境下也能正常使用。

按照国家标准，电容表面温度只要达到70℃，能正常运行600小时就可以判定为合格。但在格力，电容必须在此条件下运行1000小时才认定是合格的。

在铜管的使用上，格力多年来坚持采用全球最大的铜管制造商制造的铜管，其质量是行业内公认最好的，当然价格也比其他铜管高5%以上。

这么多年来，众多空调品牌一个一个在激烈的市场竞争中倒了下去，格力却像一个营养丰富的孩子，不断地茁壮成长，最终成为空调行业龙头。可以说，不是格力将众多的对手打倒，而是这些企业自己将自己打倒了。

倒下去的企业，原因众多，但产品质量不过硬，服务不到位却是根本原因之一。虽然价格便宜，但越来越理性的消费者，不会再为了省掉一点点钱，而买一个需要不断维修的空调。何况，维修的费用还要自己出。

所以，当大家都把格力成功的原因归结为独特的“格力销售模式”时，董明珠却清醒地意识到，格力产品的质量才是其制胜的关键。

但是，虽然格力的销售量越来越大，格力空调在市场上的龙头地位也越来越稳定，格力作为一个企业，却并没有像海尔、长虹那样真正被消费者了解。客观地说，很多人能够知道格力，并不是因为格力空调卖得好，而是因为格力有董明珠的存在。也就是说，大家是先知道了董明珠，才知道了格力。是董明珠的个人魅力让格力也具备了一种魅力。

这种状况显然不是董明珠希望看到的。不管怎么说，一个健康的企业，都不应该凭借个人魅力来发展。虽然中国的很多企业，其初始的成功都要归功于某个人的能力和魅力，但恰恰是这种靠个人能力把企业做大的方式，阻碍了企业的持续发展，也导致了中国企业“富不过三代”的怪现象。

何况，格力作为国有企业，任何人都没有权力独自操控它，即使在接班人的继承上，也要比私营企业多一些规则框框。在这种情况下，格力要想成为百年企业，就必须靠规范的管理和过硬的产品质量来获胜。

事实上，董明珠的认识要更高、更远、更让人敬佩。她曾经在面对记者的提问时说：“我的目标很清晰，作为格力品牌，不属于我个人，也不属于珠海市，我认为是属于中国人，我把它看成是中国人的品牌，打造成世界品牌，我们的奋斗目标离我们所达到的目标还有距离。我认为从技术上提高还要从市场占有率上提高。”

在中央电视台的《对话》栏目中，董明珠说：“要成为一个世界名牌并不是一个广告就能够决定，而更多是你的技术领先。我们现在的专利已经有700多项，都是我们自己研发的，从家用到商用空调现在用的全部都是自己的技术，特别是离心机的核心技术，是我们自己研发出来，我们第一台8万平方米的离心机，已经安落在黄山的一个五星级大酒店，我觉得这就是一个成功的标志。格力没有做不到的，但是我们并不因为做到了而满足了，而是我们要更多提高自己，提更多更苛刻的要求，希望格力在这个环境下能够领先于世界。”

明眼人很容易从董明珠的这段讲话里看到一个从容不迫，又时时刻刻对自己严格要求的中国空调制造业巨人的身影灵魂。20多年的“拿来主义”造就了中国空调制造业的繁荣兴旺。但是有谁敢说，中国的空调制造业打破了日本、美国的技术垄断，将核心技术掌握在自己的手里的？谁又敢挺直腰板在全球空调业内与国际巨头对垒，把名副其实的中国空调挂到发达国家的墙上？

遍览中国当今空调制造行业，只有格力电器能够担此大任。因为只有格力电器相继打破了空调压缩机、多联中央空调等核心技术的国际垄断，逼迫国际竞争对手在中国的商用空调市场上丢失一个又一个阵地，将技术垄断带来的价格垄断优势丧失殆尽。

中国的制造业需要有这样的勇气和胆识来表达自己的实力。

而在不久之前，在日本人心目里的中国知名产品中，有6种是香烟和酒。这就是中国制造业品牌给世界的全部印象。

作为中国的一个知名品牌，格力值得我们尊敬，更值得我们去了解、学习。今天的格力电器已经完成了技术创新、文化定型、制造力量集聚、人才培养和营销模式完善等各个环节的储备，等待着在全球范围内全面展示“中国创造”魅力的契机。也许这个契机还需要10年或者20年，也许这个契机并非爆发性而是潜移默化式的，但是这都无法改变格力电器的终极目标，这个目标就是来自中国的世界级制造力量、国际级的著名品牌带给世界的变化，而不是在国内市场运用自己的影响力争夺一时一事的作为。

霸气的董明珠从来不隐瞒自己的“野心”：“我们的企业是一个实力雄厚的企业，资金、技术、管理等方面都处于领先地位，还不是简单的一个产品或者某一个方面，是综合实力的领先。我们已经不像以前说自己是中国第一，我们认为这个话已经没有分量，也不是我们的目标。我们的目标是保持世界领先的地位，要占到全球市场份额的30%，这就是格力的目标，百年不变。”

“格力的目标是要让全世界的人都信赖格力空调，就像人们信赖‘奔驰’、‘宝马’一样。”

正是因为有这样伟大的目标，格力才会有“不拿消费者当试验品”的企业文化。也正是因为如此，格力才会在大家都还没认识到自主创新的重要性的时候，已经默默开始了自主创新的艰难之路。

3 自主创新之路

“一个没有创新的企业，是一个没有灵魂的企业；一个没有精品的企业，是一个丑陋的企业。”这是格力电器董事长朱江洪在2005年年底的一次格力中层干部大会上的讲话。

2005年11月7日，这一天对许多人来说，是一个平平常常的日子，但对格力人而言，却是一个刻骨铭心、引以为荣的日子。

当天上午，在由建设部、发改委等国家有关部门和中国制冷学会、中国制冷工业学会等权威机构专家联合组织的科技成果评估会上，格力最新研制成功的超低温数码多联中央空调一致通过了专家们的鉴定，被认为达到国际领先水平。

回顾空调发展的百年历史，一直都是由美国和日本两国相继垄断了大部分核心技术。世界第一台空调就是美国发明的；“二战”后，日本企业在分体机上进行创新，并超过了美国；但美国在中央空调领域始终拥有绝对优势。朱江洪认为，中国要“赶美超日”，必须依靠自己的努力，而不能指望美、日的技术施舍。从多年的打交道当中，美、日巨头表现出来的更多的是在核心技术上封锁中国企业，企图扼杀竞争对手。

朱江洪对此有着切肤的体会。2001年年底，朱江洪带领公司技术团队到日本考察，看到日本企业先进的设备和技术，朱江洪提出，只要日方愿意提供变频多联空调技术，格力愿意在合作方式、市场资源分配等方面满足日方的要求，恳请与日本企业合作。尽管日本企业口头表示“以后再说”，但实际等来的却是“连散件也不卖”的无情回绝。

如果说变频空调是空调行业技术的“皇冠”，那么多联式中央空调就是“皇冠上的明珠”，日本企业开发这一技术，整整用了16年的时间。所以，日本公司拒绝格力的请求，也是意料之中的。

5年过后，戏剧性的场面出现在珠海格力电器有限公司。先后有3家日本企业来到格力考察，并恳请并购合作，与5年前不同，这次坚持“拒绝”态度的是朱江洪。

当年从日本考察回国后，朱江洪立即组织技术攻关小组，开始了向变频多联技术的艰苦攻关。一年之后，格力终于研制出中国第一台具有自主知识产权的变频一拖多空调机组。

日本企业震惊了。仅仅在几年前，中国多联式中央空调市场还是日本品牌“一统天下”，而如今，华东、华北和华南等重点市场已经“三分天下，格力有其一”，不仅如此，在海外市场，日本企业也感受到了来自中国格力的威胁。

美国企业也震惊了。因为就在格力超低温多联中央空调问世的两个多月前——2005年8月，中国家电行业首台拥有自主知识产权的大型中央空调——离心式冷水机组在格力电器也正式下线，打破了此前由美国“四大家族”对离心机的技术垄断，并从美国企业的手中，先后夺下了安徽黄山徽州大酒店、珠海华润万佳商场、山东曲阜国贸中心等近百家大工程。

为了不断提高自主技术创新能力，格力每年投入技术研发的资金都超过销售收入的3%，成为中国空调业界技术投入费用最高的企业。目前，格力电器共有包括国外专家在内的研发人员1200多人，其中，本科以上的研发人员高达90%，格力电器还营造尊重知识和人才的科研环境，设立了科技进步奖，重奖科技功臣，单项奖奖金最高达到100万元。

为跟踪世界空调业的尖端技术，格力电器建成了全球规模最大的专业空调研发中心，拥有热平衡、噪声、可靠性等220多个专业实验室，无论数量、规模还是技术水平都处于世界领先地位。此外，还建立了规模庞大的制冷技术研究院，目前已申请国内外专利技术1000多项，空调品种规格之多、种类之齐居全球之首。

“一个没有脊梁的人永远挺不起腰，一个没有核心技术的企业永远没有脊梁。”朱江洪说，“格力要做的绝不是复制品，而是‘格力创造’的世界名牌。”

中国的制造业一度被称为“世界加工厂”，虽然贴牌生产，为外国企业加工产品曾经给中国的经济带来了活力，但面对越来越严酷的市场竞争，以及劳动力成本的不断上升，中国的众多企业越来越感受到缺乏核心技术的尴尬境地。

其实，不仅是中国的企业，世界上任何一家缺乏核心技术的企业，都将在发展的过程中遇到难以克服的困境。以日本的“三洋”为例，三洋的核心产品是其零部件的生产能力，一些整机的生产则通过合资公司完成。可以说，三洋在零部件的生产上面拥有技术领先的优势，也正是因为如此，当年一些缺乏研发能力的企业，如索尼、东芝、三星等都不得不向三洋购买机芯。如今，这些企业都在自主研发的道路上越走越远，甚至把产业链向前延伸到了零部件的研发制造，他们用自己研发的产品来替代三洋的产品，并且对外提供自己新研发出的产品。于是，三洋不但失去了原来的大客户，而且这些大客户摇身一变还成了它的竞争对手。

这其实就是自主创新的力量。当一家公司具备了自己的核心技术时，它就已经在市场上找到了自己的一席之地。

恰恰就是三洋，和格力也算是有过“一面之缘”。2006年，陷入财务危机的三洋在新管理层的变革下，向格力抛出了橄榄枝，希望格力能够收购它名下的小家电业务，对此格力没有回应。不过，董明珠表示，对三洋的芯片技术，格力倒是考虑过是否可以作为产品延伸。

其实，即使格力考虑三洋的芯片技术，估计也只是短期战略。从长期发展战略来看，格力最终也要走上三星的路子，自己研发芯片的核心技术。没有自己的核心技术，就像被别人抓住了把柄一样，主动权都在别人的手里，这对习惯于掌握主动权的董明珠来说，是难以容忍的。

什么才是真正的自主创新？现代企业管理理论认为，自主创新就是能够立足自身的实际，在分析组织内外部环境的基础上，能够不断地开发自我的潜能，创造出新的成果来。

诚如朱江洪所说：“格力要做的绝不是复制品。”自主创新既不是一种简单的复制模式，也不是一种“尾随战略”。它实际上是一种超越前人的做法，也就是说，它形成的是一种“持续改进，迎头赶上”的运行机制。

我们看到，美国在加快信息产业革命步伐的时候，已经逐步甚至主动地把汽车产业让位给了日本，这种“让与”不是主动“拱手让与”，而是更胜一筹的自主创新策略。现在早已不是制造业时代，如果中国众多的企业不能在第三波新经济浪潮中迎头赶上，必将失去更多的市场份额。

其实，从格力的发展轨迹我们可以看到，自主创新不仅仅是技术的创新。董明珠所创的“格力营销模式”、“淡季返利”、“年终返利”等等，无不属于自主创新中的一部分。全方位的自主创新，才是格力成功的关键。

从某种意义上说，格力正是在营销上有了自主创新，才敢和国美、苏宁等大的渠道上叫板。可以说，自主创新，不但让企业获得了竞争的优势，而且还在竞争中掌握了主动权。

格力在自主创新方面，又有自己的特色。我们发现，它坚持以市场为导向，实施了“三步走”的“务实赶超”自主创新模式。

第一步是“市场专攻型”，即集中力量研发市场急需、适销对路的空调产品，并在制冷量大、节能、安静、使用寿命长等方面建立起自身的竞争优势。如针对沙漠地区超高温的室外环境，格力电器在1999年自主研发的能在60摄氏度以上室外高温下正常运转的“沙漠空调”，一经投放中东市场，当年就销售1万多台。以国内、国外两个市场需求为导向，格力电器每年均推出100多个品种规格、具有自主知识产权的新产品。

第二步是“国内补缺型”，即在关键领域逐步打破国外垄断，实现自主开发。在中央空调领域，“变频一拖多”、离心式冷水机组等核心技术长期由美日少数企业垄断。格力电器凭借技术实力，不到两年便自主研发出“变频一拖多”技术。此后又相继自主研发出变频多联中央空调、变容多联中央空调等系列产品，形成了较为完备的中央空调产品群。2005年8月中国首台离心式冷水机组的问世，更使格力电器在大型中央空调上取得了先发制人的优势。

第三步是“国际赶超型”，在一些关键领域研发出世界领先的成果，引领世界潮流。在空调的智能化霜方面，格力电器就取得了世界领先的成就。眼下，绝大多数空调品牌仍采用第一代化霜模式，化霜不完全，造成制热能力严重不足。少数空调品牌近年开始采用第二代化霜模式，但仍存在化霜不完全、化霜时间偏差较大等现象。格力电器成功研制出应用全新化霜模式的冷暖空调，可根据室内外温度变化等综合情况判断是否化霜，实现了智能化化霜除霜。这种全新的化霜技术，在国内外空调行业均处于领先地位。

2006年，在人民大会堂举办的中国企业国际竞争力第三届年会上，格力是唯一入选“2006自主创新竞争力十大品牌”的家电企业，而董明珠则是家电行业唯一入选“2006自主创新竞争力十大人物”的企业家。这一荣誉来之不易，因为本次评选本着宁缺毋滥的原则，无论是人物还是品牌奖项，都有空缺。

董明珠认为，企业在自主创新中责任重大。一方面，在技术研发和自主创新方面，要脚踏实地、多干实事、少说空话、长期作战，要耐得住寂寞；另一方面，不仅要注重现实的消费需求，还要关注消费者的根本需求，主动承担社会责任，用企业力量推动社会发展，让行为对未来负责。

最近几年，中国政府越来越强调企业的自主创新，但现状仍然不容乐观。经过分析，董明珠认为中国企业自主创新能力的缺失有三个原因：第一，内外资企业享受不同的政策待遇，使得部分企业家急功近利追逐优惠政策，而不愿潜心钻研经营和技术进步；第二，国家的相关出口政策没有对自主品牌和贴牌出口产品形成差异进行扶持，导致市场竞争力下降；第三，一部分企业家耐不住制造业的艰辛，经受不住其他行业的诱惑，半途而废。

显然，前两条原因都是政府才能解决的问题，只有第三条原因是企业家自身的责任。令人欣慰的是，随着2007年“两会”的闭幕，政府正在积极地践行自己的职责。两税合并后，很多外资企业，特别是非高端技术的企业，税率将由10%左右上升到25%，这无疑给本土企业提供了一个和外资企业公平竞争的机会。相信随着政府对自身职能的正确定位，很多对本土企业竞争不利的政策慢慢会得到修正或者消除，到那个时候，企业之间的竞争就真的是技术的竞争、实力的竞争了。

也就是在2007年的全国“两会”上，董明珠作为全国人大代表，提出了两项议案，其中一项就是建议政府采购向自主创新企业倾斜。对此，董明珠说出了她的理由：“当政府提出来要求我们自主创新，而我们创新了很多技术，甚至于我们的很多技术已经超过了国际水平的专业技术，但我们在政府招标的过程中往往会遇到这样一个告知：只采购进口品牌。又不要求对方采购不符合质量的产品进去，只要我们达到同等质量标准，对方应该允许我们竞标。而且我觉得我们本土品牌的质量达到或者可以超越它的时候，你应该无条件地选择本土品牌，你应该支持我们本土品牌的自主创新。”

董明珠之所以如此对政府的某些行为不满意，是有客观原因的。2006年11月16日，合肥市政府采购中心发布《合肥市国土资源局综合楼中央空调系统设备招标公告》，由合肥政务文化开发投资有限公司通过公开招标方式，对合肥市国土资源局综合楼中央空调系统设备进行国内公开招标。

招标公告称，合肥市国土资源局综合楼项目公开招标的中央空调系统设备包括螺杆式冷水机组2台、冷却塔2台、空调离心泵和空调末端若干。其中，螺杆式冷水机组和空调离心泵的整机明确要求是“欧美日原装进口”。除了原装进口设备外，其他设备必须为制造商直接报名投标。

显然，这一招标公告只能让国产品牌的厂商们成为一边的“看客”。不管你的空调质量多么好、技术多么过硬，只要你的“出身”不合要求，你就没有资格投标。这是“唯出身论”的思维，也是崇洋媚外的表现。作为政府部门，理应在扶持本土企业发展上做出表率，现在却做出这样的行径，实在让人困惑。

事实上，相关的行为，不止这一件。上海在对商业街的升级改造过程中，不是也明确提出禁止本土品牌进入部分繁华商业街吗？甚至是很多销量比外国品牌还好的本土品牌，也因为“出身”问题，而无法在繁华的商业街租到店铺。倒是那些“挂羊头卖狗肉”，虽然挂着洋文，实则是别人贴牌加工的本土企业，得以在这些繁华的商业街租到店铺。

如果说以前我们“崇洋媚外”，是因为国外的产品在质量上确实比我们好。现在我们有的产品质量和技术已经高于国外同类产品，为什么还出现这种现象？对此，董明珠迷惑不解，这也是她在“两会”上提交方案的原因。毕竟，即使是美国政府在和国际化接轨以后，自己还有明文规定：

使用本土产品政府采购不能低于90%。

何况，目前来说，格力空调无论是在技术上还是质量上，都在行业内达到了高端水平。

目前“格力”品牌空调器已出口到全球60多个国家和地区，如法国、意大利、西班牙、菲律宾、澳大利亚、巴西、俄罗斯等国。近年来，格力品牌也高调打入了美国市场。而自主品牌的销量，也在格力全球销量中占据了越来越大的比例。

不仅如此，格力还进入了这些国家和地区的主流销售渠道，得到了主流消费人群的认可。如在巴西，格力空调借助品种齐全、技术精湛的优势，成功进入了巴西圣保罗、里约热内卢、桑托斯、维多利亚等主要城市的大型超市并设立了专卖柜，大大树立了中国家电名牌的形象。巴西的许多影视明星、足球大腕和政府高官，家里使用的都是格力空调。2006年3月，格力凭着自己的产品质量，被巴西国家质量技术监督局授予“巴西人最满意品牌”称号。

如果连格力这样有着良好国际品牌的产品都遭遇“出身证”问题，我们是不是应该反思一下，在自主创新的过程中，企业应该怎么做，政府又应该做什么？

4 诚信铸就品牌

董明珠曾不止一次说过："上市公司一定要代表股东的利益。做企业、做产品，首先要从做人开始，做一个诚信的人，这样才能做一个诚信的企业，打造一个有信誉的产品。"

用快人快语来描述董明珠一点也不过分，而她的论断后来也被业界广泛引用：个别上市公司不好好搞经营，而是在证券市场上去炒作，甚至有些严重亏损的企业，股票还一路走高，这些都是不正常的。上市公司的经理层要清醒地认识到，股东是你的老板，要把股东的权益看得比自己的生命还重要。

正是有了这些快人快语，董明珠明白作为上市公司和我国最大的空调专业化企业，在产销量、销售额、市场占有率、出口量等方面连续8年保持行业领先地位的格力电器，其领导人最需要什么风格才能创出不俗的业绩来。那就是诚信。

在中国，价格战似乎永远就是家电厂商的法宝，格力也不例外。有一年，格力曾率先降价，将一批空调的价格降至1099元，此后，美的、奥克斯等品牌纷纷跟进，据此有人把格力空调列为今年挑起价格战的始作俑者。

而董明珠却"霸气"地认为，谁规定格力空调一定得卖5000元，小品牌空调卖1000元？2003冷冻年大家都说是很悲壮的一年，但格力空调却实现了423万台的销售。我们的诚信赢得了市场。

2003年下半年是格力的多事之秋，董明珠的铁腕再次体现得淋漓尽致：以打造诚信的名牌企业为目的，“开刀”一直被格力奉为制胜法宝的“格力模式”。

董明珠开始了坚决的“自我否定”，变革在业内曾经独树一帜的格力渠道模式，增持销售分公司的股份，强化对销售分公司的控制。

就在变革的同时，外界几乎一致认为：“董明珠一定是有把握才会这样做。否则，她绝不会大动干戈。”事实也给董明珠的抉择做了佐证：2003年格力空调多销售了220万套。这足可见其用诚信打造的品牌的功力如何了。

顾名思义，诚信即诚实守信之意，“发乎于心曰诚，言出必行曰信”。先哲有“信乃立身之本”的训示传世于今，可见，说话算数对于做事为人是非常重要的。

做人要说实话讲诚信，做企业同样如此。市场经济从根本上说是信用经济，信用是构成市场经济体系的保证，谁拥有信用谁就拥有了畅通无阻的通行证，谁也就最终为市场所认可从而赢得市场。

带着欺骗的心态去做一个企业，这样随着时间的推移，会逐步被消费者所淘汰，被市场所淘汰。

回顾格力走过来的路，在空调行业有几百家，现在能剩下来的不过几家，为什么？原因是多方面，大家都埋怨是外部环境不好，是因为打价格战，更多的是我们有没有把消费者的利益摆在你的心目当中，如果把消费者的利益真正放在你的脑海里，做每件事情都在想着消费者的利益，可能不会出现像今天的局面。

近些年，中国社会对于品牌的认知、关注热情也在不断升温，大家都开始认识到品牌的重要性并准备做些事。关于品牌的定义多种多样，其中一个是：品牌是产品与消费者之间建立的信用关系。换句话说，诚信是品牌的核心价值所在、灵魂所在。

大浪淘沙，真金始现。这些年来，空调行业腥风血雨，假概念漫天飞舞，伪技术招摇过市。听说有家企业实在没得玩，就在颜色上搞花样，据说还要申请专利。类似这种舍本逐末、愚弄百姓的做法大行其道，不能不说是中国企业的悲哀。但市场是公正的，你骗得了一时骗不了一世。

值得欣慰的是，经过多年的优胜劣汰，市场的品牌集中度在不断提高，这是市场对理性、对诚信的招唤，也是对像格力这样始终秉承诚信经营的企业最好的回报。

可以说，诚信回归之时，就是市场规范、品牌昌盛之时，如果众多的生产厂家都能够像格力这样讲究诚信，又何愁产品得不到消费者的青睐？

GE 是一家美国公司，它会把诚信这样东西放在第一位，这其实也是必然的："诚信意味着永远遵纪守法，不仅要遵守法律的条文，而且还要遵守法律的精神。"更重要的是因为他们看到："诚信远远不只是个法律问题，而且是我们一切关系的核心。"正是因为诚信是根本上凝聚起整个公司的核心力量，是联系起人与人之间关系的纽带，所以 GE 把诚信看做是公司价值观得以运行的基础，是重中之重。有了诚信，就会使彼此的信赖成为习惯，只要你说了我就相信，无须猜度，一致性非常高。在此基础上，只要是大家都认为有价值的事，就会去做，价值系统就会发生效用。没有诚信，公司无论对内对外都无法建立充满信赖感的氛围，这个公司自然也就没有灵魂，没有文化。

企业毕竟是要做生意的，如果说文化是品牌的灵魂，那么诚信则是品牌的基石，二者缺一不可。诚信问题是现代契约经济的核心本质，不管是政府、企业和个人，都会涉及到这个问题；讲究诚信不仅是建立和谐社会，改善人与人之间的利益关系的实质关键。同时，也是企业能否生存发展的关键，一个成功的企业品牌如果没有诚信的支撑，这个品牌充其量是个空壳，根本无法存活下去。

在当今发达的信息社会里，随着消费者自我保护意识的不断增强，一旦企业或个人出现一点微小失信行为，失信的信息会很快地流传开来，失信者立即会被市场、社会所抛弃，美国的知名品牌“安然”和日本的名牌“雪花”，便是众多企业的前车之鉴。

美国可口可乐公司董事长说过，只要可口可乐这块牌子在，即使是有一天公司的全部有形资产被一场大火化为灰烬，我也坚信，在第二天全世界报纸的头版头条上，一定会有世界各大银行争先恐后给可口可乐公司贷款的新闻。这不是吹牛和狂妄自大，而是诚信这块企业基石使品牌在公众中产生的巨大力量。

一个品牌，有了丰富而深厚的文化内涵，有了至真至爱至诚的企业精神，再经过几代人几十年甚至上百年的努力奋斗，才能成为消费者迷恋与追求的名牌。

董明珠对诚信在合作中的重要性，可谓是认识深刻。虽然流通领域有流通领域的规矩，制造业有制造业的规矩，但有一点却是共同的，那就是无论哪一方，在合作中都要讲究诚信，否则，合作就难以长久。所有的工商关系都应该用诚心搭建，否则就谈不上合作。

一直以来，制造商和经销商之间的博弈，不可谓不惊心动魄。不过，讲究诚信的董明珠一直都在寻找共同的游戏规则，那就是“正和博弈”——不是你吃掉我，也不是我吃掉你，而是共同的取得成功。

董明珠认为，在下这盘棋时，最重要的就是“诚信”，尤其是对经销商要诚信。许多人可能还对 1996 年的“凉夏血战”记忆犹新，当时为了争抢市场，经销商打价格战打得头破血流，亏了大钱。格力也不例外，一些经销商做格力也亏了本。董明珠希望所有做格力的经销商都能赚钱，不希望他们亏本。所以，“凉夏”结束之时，为弥补经销商的损失，格力拿出 1 亿元来补贴给经销商，这被称为“空调史上的一个创举”，并被其他厂家效仿。

格力的诚信经营，不仅仅是对经销商“诚信”，保护经销商的利益，还包括对国家和社会诚信，向国家依法缴纳税收；对股民诚信，保护股民的利益，给股民良好的回报；对员工诚信，给员工提供良好的工作和生活环境。

一个人如果不讲究诚信，就会失掉朋友；一个企业如果不讲究诚信，就会失去消费者，这种例子在现实中发生的太多了。

2001 年中秋节前，南京冠生园食品厂用陈馅经翻炒后制成月饼出售的事件，被中央电视台曝光。《中国商报》也对“月饼事件”进行了系列报道。南京冠生园月饼顿时无人问津，很快被各地商家撤下柜台。许多商场甚至向消费者承诺：已经售出的冠生园月饼无条件退货。南京冠生园的其他产品如元宵、糕点等很快受到“株连”，没人敢要。南京冠生园从此一蹶不振。住在南京冠生园食品厂附近的居民说：“从前这里车水马龙，很是热闹，真没想到，一个享誉 70 年的老企业一下子就垮了。”

可以想象，一个 70 年的老企业，肯定已经培养出了很多忠诚于它的消费者，可就是因为不讲诚信，就崩溃于一旦，诚信的力量可见一斑了。

与冠生园欺骗消费者的行为相比，让我们看看麦当劳是如何对待消费者的。

麦当劳是美国快餐企业，它的连锁店遍及世界各大洲，深受广大消费者的欢迎。一个普通的快餐企业是怎样在短短的几十年内遍布全球的？它的经营秘诀就是真诚。在世界各地的麦当劳连锁店，无论那里的服务生是白人、黑人还是黄皮肤的亚洲人，只要你走进去，都会受到热情的接待，你可以让那里的员工和你一起庆祝生日；即使不吃东西也可以在里面休息，不到下班时间绝不会有人赶你走；你可以提出任何要求，只要是合理的，他们都会尽力满足你，让你满意而归。

一次，一个美国老太太在麦当劳吃东西时掉了一颗牙，经医生诊断确定是食物过硬硌掉了原本就不太结实的牙齿，于是麦当劳赔偿老太太60万美元。这件事不但没有使麦当劳的声誉下降，反而让顾客更加信赖麦当劳。

一正一反两个案例，让我们看到了两种经营企业的思维，也让我们看到了两种思维所导致的不同后果。

其实，任何一个企业的领导，都能够认识到诚信的重要性。但是能够真正做到诚信的，就不多了。导致这种现象的原因很简单，大家都想走捷径赚钱，只要能有机会赚取暴利，哪怕是欺骗消费者，也无所忌惮。

但是，诚信是消费者心中的一杆秤，你要讲诚信了，消费者就会亲近你，反之，就会远离你。不管企业如何进行包装宣传，消费者都会用诚信这杆秤对你进行衡量。

有一个故事，可以让我们看到消费者对厂家诚信的衡量。

清朝末年，有个名叫张六的人，是个专门做号秤的。有一天，张六肩挎褡裢，背着号秤的工具，一路叫喊着，走进一座城郭，来到一条南北大街。走到街中央，两家店铺叫住了张六，都要号秤。这两家门面相对，都是粮行。东边一家老板姓李，西边一家老板姓刘。张六停住脚步，先走进李家粮行，李老板满接满待，端茶倒水，还温了一壶好酒，很是热情。张六心想，李老板热情款待，对自己这般敬重，得把秤给他号小点。这秤小了，能把十五两粮卖成一斤（旧制十六两为一市斤），日子长了，这李老板要讨多少便宜，能不发财？

给李家号完了秤，张六又来到对门刘家店铺。这刘老板，冷冰冰的，不端茶不倒水，更不要说温酒了。一看刘老板这冷淡样，再想想刚才李老板对自己的热情劲，一东一西相差这么大，张六的心里很是恼火。他想：

我得把刘家的秤给他号大点，让他一斤只卖十五两，给他点苦头吃。心里这样想着，便暗暗将刘家的秤号大了点。

事隔半年，张六号秤又来到了这座城郭，他不喊不叫暗暗地特意来到了这条南北大街，很想看看李老板发财后喜气洋洋的样子，刘老板赔本后的难受劲。

张六来到这条南北大街中央，往东一看，李家的铺子已经改头换面，不再是粮行，老板也不是李老板了。再往西一望，刘家的粮行人来人往，红红火火。刘老板红光满面，笑容可掬。

原来，张六给李刘两家号完了秤后，李家一缸粮常常能多卖出十斤八斤，刚开始，李老板确实高兴了一阵，谁知日子长了，老顾客中有细心的回家一秤，竟然缺斤短两，而刘家卖的粮，回家一秤总是绰绰有余。渐渐地到李家买粮的人越来越少，而到刘家买粮的却越来越多。不到半年时间，这条街上的老顾客都跑到刘家买粮去了，李家粮行就只好关门大吉了。

董明珠说过，企业要有一种大工业精神，现在不赚钱不代表将来不赚钱。中国人有句俗语：“吃亏是福”，利益暂时受到了损失，不代表永远都会受损失，也许从长远来看，将来要得到的好处要远远大于暂时的损失。

“贪小便宜吃大亏”，这是很多消费者的经验。针对消费者喜欢贪小便宜的心理，很多空调厂家不断地降低产品价格，然后在原材料上做手脚，以至于消费者虽然买到了便宜的产品，但却买了个“病号”，不是这儿有毛病，就是那儿有毛病，结果用来维修的钱远远大于占的那点便宜。

格力并不在这上面欺骗消费者。虽然格力的某些产品要比同行的贵一些，但格力空调的质量也是得到保证的，绝不会在材料上做手脚。时间久了，消费者认同了格力空调的质量，也就宁愿多花钱买格力空调，而不愿贪小便宜去买便宜空调了。

追根究底，是格力的诚信打动了消费者。

曾有外商在要求贴牌时，问董明珠为什么格力的价格比较高，董明珠告诉对方，按照同等技术水准工艺，格力能做得比其他品牌更低，但这绝对不利于你的品牌口碑，做哪种选择，你自己做主。结果外商相信了董明珠的诚意，选择了格力。

有很多做营销出身的人在后来都做了老板，而且有的人把企业做得很大。但是，很少有人能够做到像董明珠这样不但做大了企业，而且受到人们的尊敬，追究根源，董明珠从做营销员起就讲诚信的风格是很大的原因。能够把企业做大，然后通过各种包装宣传让其他人羡慕自己，这是很多人都能做到的。但要让别人从心底佩服你，尊敬你，却需要董明珠的这种诚信精神。

中国目前还没有建立起诚信的社会体系，这就导致了很多的问题，无论是企业还是个人，弄虚作假的事情比比皆是，这就产生了很多不必要的麻烦。西方则不同，大多数西方国家都有一套成熟的诚信监督系统，任何不遵纪守法的行为，都会被记录在案。所以，西方的大多数企业，都是诚信经营，而我们的很多企业，却仍然在钻法律的空子，只要赚钱，就把诚信抛弃到了一边。

有这么一个案例：一名在德国的中国留学生，毕业成绩很优秀，自认为可以理所当然地留在德国工作。他四处求职，拜访过许多大公司，没想到均遭拒绝。最后，他选择了一家小公司去求职，仍然得到了小公司很有礼貌的拒绝。高材生忍无可忍，拍案而起。而当其知道频频遭到拒绝的原因时，他很惊讶，只因自己乘坐“公交车”时曾经3次逃票。他更加气愤——就因为这点鸡毛蒜皮的事就小题大作。可德国人并不这么看，在德国抽查逃票一般被查出的几率为万分之三，也就是说你逃1万次票才有可能被抓住3次。这位高材生居然被抓住了3次，这在严谨的德国人看来，是绝对不可饶恕的。

如果一个企业在招聘员工时特别注重一个人的诚信品质，几乎可以肯定这个企业也会是一个讲诚信的企业。世界五百强企业多数在西方国家，中国则寥寥无几，未免不与这种诚信经营的观念有关。

那么，格力空调能够冲出国门，成为世界品牌，受到各国人民的喜爱，诚信经营自然也是起了很大的作用。

管理之道

1　专一造就专业

多元化是20世纪六七十年代西方现代企业所追求的发展模式，当时西方很多企业都走过这条路，甚至世界500强中的很多企业也不例外。成长期滞后于西方现代企业的中国企业在进入市场之初，也更多地选择了多元化。

关于多元化与专业化孰劣孰优的话题，企业界和管理界一直众说纷纭，辩论不已。其实，从“存在就是合理的”这一观点来看，任何一种现象的存在，都有其合理的因素。关于多元化与专业化之间的关系，德鲁克有一段精辟的论断：

不论公司的集中程度有多么理想，公司也要有一定的多元化，否则公司将变得过于专业化。但是，不论公司的多元化有多么理想——或者是无可避免，公司也要有一定程度的集中，否则公司将变得过于分散。公司既需要简单化，也需要复杂化。两者会向两个不同的方向引导企业，但是不能允许出现冲突。二者必须要结合在一起。通过把多元化融入到一个共同的结合核心中来管理多元化，是高层管理者的任务，不论是小型、中等还是大型企业。

多元化有运用得正确与错误之分。“正确的多元化，能够使企业绩效与高度集中、单一市场或者单一技术的企业的最佳绩效相媲美；错误的多元化，则使企业产生的绩效就如同单一市场或者单一技术却在错误的行业中高度集中所产生的绩效那样糟糕。而两者的区别就在于成功实施多元化的企业其各项业务之间都有一个共同的结合核心。”

如果我们可以用一句话概括德鲁克的思想，应该与“形散神不散”有点类似，也就是核心业务一定不能动。不管多元化摊子铺得多大，核心业务仍然需要被突出。

遗憾的是，中国的很多企业在进行多元化扩张战略的过程中，急功近利，搞突击式的投资来扩大规模，最后得不偿失，不但核心业务一落千丈，新增加的业务也没取得什么成绩。

以三九集团为例，其多元化扩张高潮的时候，在几年内二级、三级企业就扩展到几百家，产业扩大到十几个，有些产业与主业没有一点联系，既不能与主业发展有效衔接，还分散了注意力。后来三九集团意识到这个问题，这才在2000年起提出了“中药现代化、中医产业化、健康服务全球化”的目标，开始着手剥离副业回归到药业的核心业务上来。

在走多元化还是专业化的问题上，格力电器也曾经有过艰难的选择。面对空调行业是否“饱和”的问题，格力最终通过调查研究做出了决定：不能轻易进行“战略转移”。

当然，虽然多元化有多元化的陷阱，专业化也有专业化的风险。对格力而言，走专业化道路，也就意味着“把所有的鸡蛋都放到一个篮子里”，这无疑增加了格力的市场风险。但也正是如此，格力会比别的企业有更大的压力感——别无退路，只有前进。

对企业的专业化，朱江洪曾有过一个比喻：专业化的发展，就像一辆推土机一样，虽然走得慢，但却非常稳重。

根据这个“专业化论”，格力的整个发展思路都确定了下来：多元化经营不一定会减弱风险，全面出击可能不如重点出击，“伤其十指不如断其一指”。把主业做大，基础巩固，形成规模经济，才有可能经受住国内和国际市场的竞争考验。

基于这一战略思维，格力在空调行业走得越来越稳健，越来越踏实。也因为这一战略，格力再次成为家电行业特立独行的一道亮丽风景——它是家电行业唯一走专业化道路的企业。

长期以来，经济界、营销界、企业管理界很多人对格力坚持专一化经营战略说三道四，指指点点。但是，肯定也好，指责也罢，这些年来格力的经营成绩却是有目共睹的，美国的著名财经杂志《财富》中文版在2002年撰文报道：

作为我国空调行业的领跑企业，格力电器股份以7.959亿美元的营业收入、0.33亿美元的净利润，以及6.461亿美元的市值再次荣登该排行榜第46位，入选《财富》“中国企业百强”。成为连续两年进入该排行榜的少数家电企业之一。不仅多项财务指标均位居家电企业前列，而且在2002年空调市场整体不景气的情形下，格力空调的销售实现了稳步增长，销量增幅达20%，销售额及净利润均有不同程度的提高，取得了良好的经济效益，充分显示了专一化经营的魅力。

与此相反，让我们看看曾经也是空调行业“老大哥”的春兰空调如今又是如何？

春兰空调当年也是空调行业的一面旗帜，在其空调销售首次突破百万套、迎来发展的第一个高峰时，事情却发生了转折——春兰进行了多元化战略。后来的事实证明，这一战略不但没有为其带来预期的好成绩，反而使其丧失了在空调行业的“大哥”位置。多年来，春兰空调一直徘徊在二线品牌之列，销量、利润、影响力和以往相比，都大大缩水。

也就是在春兰空调下滑的这段时间，格力却凭着其专一的精神和专业的技术，迅速成为了空调行业龙头，并在向外进军的过程中造就了格力的世界品牌。

可以说，春兰多元化并未因减弱对空调业务的投入力度而获得增长。

彩电、洗衣机、冰箱、电脑等产品都跌出行业十强之列，市场销售不如人意。而春兰摩托车也成为匆匆过客，春兰虎、春兰豹产品成就一时辉煌。春兰卡车也因政策因素，一直无法获得快速发展。被寄予重望的新能源镍氢电池项目由于市场环境整体不成熟，短期内无法形成规模经济，不足以支撑集团的走势。

据专业人士分析，春兰在短期内从一个空调企业就展开了向多个领域的多元化扩张，是缺乏充分准备和扎实基础的。这种扩张有关联度较大的冰箱、洗衣机，还有跨度较大的电脑、摩托车、汽车以及新能源。在关联多元化扩张中，春兰并未很好地利用原有的网络、品牌、技术等优势取得成长。在非关联多元化中，由于跨度过大，缺乏成熟人员和技术储备，从而在短期内根本无法获得经济效应。

一正一反两个案例，让我们看到了格力当年做出专一化战略的先见之明。

2006 年，当不少厂家都在为产品的出路犯难，甚至为吸引消费者的眼球不惜举起降价大旗的时候，格力向北京、广州、上海、重庆等大中城市，投放了一款高档豪华的空调新品——“数码 2000”，以其智能化的人体感应功能、安全环保的一氧化碳监测功能和独具匠心的外观设计，受到了各地消费者特别是中高收入阶层的空前欢迎，掀起了一轮淡季空调市场少有的抢购热潮。

缘何在众多空调降价之时，价格昂贵的格力“数码 2000”却能在淡季热销？

原因就在于坚持走专业化道路的格力，已经在产品技术上征服了消费者。

“数码 2000”的过人之处在于采用了世界独创的人体感应和一氧化碳感应两项新技术，使空调步入了感性化时代，具有了智能化和环保两大优势。当你推开家门，不用动手，空调就会自动开启，徐徐凉风或阵阵温暖随之而来；你忘记关空调或房间没有人活动时，空调会自动关机；空调还能感知室内有毒气体——一氧化碳的含量，当其即将达到危害人体健康的浓度时，会自动连续不断地发出阵阵蜂鸣般的警报声，提醒您注意打开门窗通风换气，以降低“煤气中毒”现象的发生。不仅如此，该产品还将“彩色背光液晶显示技术”、“塑料外观电镀镶件技术”以及“直流变频技术”等国际领先技术在世界上首次运用到了格力“数码2000”上。

就是这一技术，是格力的技术人员历经5年时间潜心研究并进行了360多天恶劣环境的可靠性试验才成功的，进入市场就获得消费者的喜爱，也在情理之中。

因为走专一化经营的道路，格力现在的产品已经涵盖了家用空调和商用空调领域的10大类、50多个系列、500多种品种规格，成为了国内目前规格最齐全、品种最多的空调生产厂家。

事实雄辩地证明了格力走专一化道路的前瞻性与正确性。

即使如此，仍有人认为格力多年来走的是“独木桥”。这些人的目的，无非是想维护多元化理论的正确性。但无论如何，我们都不能因为要维护一种理论的正确性，而对事实视而不见。要知道，作为一家空调企业，格力在专一化道路上已经走出了自己的特色，这其中有许多值得我们学习的地方。

空调产品在跨省销售和跨国销售中，由于地理条件和自然条件的差异，会对产品提出许多新要求。格力空调把满足这些客户的要求作为了专一化的重要内容，认真地加以解决，从而真正使产品实现了个性化。

格力电器2000年度投放市场的“蜂鸟”、“蜂蜜”两款热泵型制热分体空调，根据使用热泵型空调制热的消费者冬季打开空调取暖，室内温度升到15℃～16℃便不会再上升这一世界性的技术难题，织织科研人员经过多年潜心攻关，终于取得了重大突破，彻底改变了空调制热依赖电加热的局面。不仅满足了消费者的需求，而且降低了成本。

如果没有专业性的精神，格力怎么会取得这样骄人的成绩？如果没有专一化的经营战略，格力又怎么能够在技术上一次次地进行突破？

格力空调在专一化经营的过程中，把为顾客服务“从满足顾客的需求出发，到全程地、全部地叫顾客满意”作为了自己战略的出发点和落脚点。“以顾客为中心”成为了贯穿专一化战略的一条红线。

也正是由于格力实施的专一化战略，才确保了这一宗旨能坚定地落到实处。

这是专一化的核心，也是专一化的光彩和骄傲。这种吸引力吸引来的不是一时的顾客群，而是继发的顾客群。专一化经营所产生的品牌效应，不仅赢得了顾客的喜爱，而且具有了一种品牌的影响力和震撼力。

有人说，格力是把一堆鸡蛋放到了一个篮子里，不过这个篮子不是普通的篮子，而是个金篮子，这句话并不为过。

迈克尔·波特在他具有重要影响和贡献的《竞争战略》一书中明确地提出了三种适用的竞争战略：总成本领先战略、差异化战略和专一化战略。可见专一化战略是一个重要的企业竞争战略。

波特认为：“这些战略类型的目标是使企业的经营在产业竞争中高人一筹”，尽管有时企业追逐的基本目标可能不只一个，但波特认为：“这种情况实现的可能性是很小的。因为有效地贯彻任何一种战略，通常都需要全力以赴，并且要有一个支持这一战略的组织安排。如果企业的基本目标不只一个，则这些方面的资源将被分散。”

波特的话不仅十分深刻地指出了企业发展战略的物质基础和资源保障，更深刻地指出了“有效地贯彻任何一种战略，通常都需要全力以赴”的战略原则。指出了“如果企业的基本目标不只一个，则这些方面的资源将被分散”的战略后果。正因此，许多企业在商战中选择和确定了自己的专一化发展战略，并且运用这种发展战略取得了明显的经济效益。格力就是一个这样的企业。

但是，长期以来我国营销界很多人把专一化战略当成“一篮子鸡蛋”的战略。他们认为“多元化战略是把鸡蛋分放在多个篮子里，而专一化战略是把鸡蛋放在了一个篮子里”。因此，得出结论说：多元化战略可以规避风险，专一化战略会把鸡蛋掉在地上。

其实，把专一化战略当成“一篮子鸡蛋”的战略完全是一种理论上的认识错误。

专一化战略是一种避免全面出击，平均使用力量的创业发展战略，更是一种进行产品和市场的深度开发，促使企业获取增值效益的企业竞争战略。这种专一，是一种从竞争的态势和全局出发的专一。专一的出发点和落脚点是为了争得竞争中的有利形势和主动地位。专一的思路要求我们把有限的人力、财力、物力、领导的观注力，企业的潜在力，集聚在某一方面，力求从某一局部、某一专业、某一行业进行渗透和突破，形成和突现出局部优势，进而通过局部优势的能量累积和市场的深度开发，争得竞争中全局的主动地位和有利形势。

因此，专一化战略不仅不是把鸡蛋放在一个篮子里，而是同样的要把鸡蛋分放在多个篮子里，但是后面的每一个篮子里的鸡蛋都进行了深度的产品开发和市场开发，具有了增值的现实可能性。因此这种看似“专一”的鸡蛋，尽管还是鸡蛋，但却是进行了市场扩展的鸡蛋，加进了科技含量的鸡蛋，具有了产品增值效应的鸡蛋，这就从根本上提升了企业的竞争能力。把这样一种重要的企业竞争战略，仅仅理解为是“一篮子鸡蛋”的战略，完全没有抓住和把握专一化战略的内涵和本质。

根据波特的竞争战略理论，我们可以说格力在经营上取得了骄人的成绩，首先是格力在发展战略上取得了成绩。这种成绩突出表现在他们对专一化战略认识上的深刻，贯彻中的坚定和实践中的准确把握。

因为专一化和多元化之间并没有隔着一道万里长城，所以在实施专一化的过程中，时刻面对着多元化的诱惑，很容易走向多元化。特别是实施专一化经营的企业，一旦企业获得了发展，就会面对新的市场机会和利润诱惑，很容易逐渐背离它所选择的专一化战略，轻易地陷入多元化的误区里。

这主要有三种情况：

（1）专一化下的多元化

有很多人对专一化的理解，从战略上是清晰的，但在战术上却是混乱的，以至在具体实践中往往又陷入了多元化的泥坑。这种说起来清楚，做起来糊涂的问题是非常致命的。

尽管很多创业企业已经认识到，搞大而全的多元化经营是困难的，但到了实践中，就又回到了多元化的思维里。伸着巴掌到处乱抓，总以为会“东方不亮西方亮”，其结果是，“东方没亮，西方也黑”，这样的教训是很多的。

世界上最著名的柯达公司为了迎接富士的挑战，就经历了这种专一化下的多元化的怪圈，并且吃尽了苦头。1985 年柯达公司在专一化经营的过程中，开始了多元化的运作。耗资 51 亿美元购入了药品分部、家用清洁剂公司和临床诊断业务等三大副业基地，接着又花去了 24 亿美元的重建费。这一来，由于资金和力量的过于分散使柯达公司陷入了困难之中，既耗费了大量资金，又错过了开发新产品的机会。直到 1993 年 12 月，乔治·弗雪就任柯达公司的总裁，采取了四项措施“返璞归真”，出售了三大副业公司，甩掉了经营包袱，重新回到了专一化经营上来。通过专心研究同一产品的深度开发和衍生开发，才使柯达公司走出了多元化的怪圈，重振了雄风。

（2）专一化中的分散化

在实施专一化战略中另一个十分容易出现的问题是：专一化后形成经营大目标的专一，但市场或产品细分以后往往造成抓不住重点的情况。多数企业会形成一种专一后的力量分散和资源分散。这种在专一化经营中抓不住重点的情况，其实是偏离了专一化战略。

专一化战略是重点战略，战略思想和战术设计都应该抓住重点。有重点才能有分量，有分量，才能有特色。有特色才能有人气，才能有商机。这一点在国内市场开拓中显示出来，在国际市场开拓中同样显示出来。

走国际化道路要按国际品牌出牌，使格力在进军国际市场征程中找到了重点。

有一个十分生动的事例说明了这一点。多年以前，国外某旅馆装了30多台格力空调，不到3个月，机身外壳出现了锈点，旅馆老板要求退货。老板的思维逻辑非常简单：再过3个月，外壳锈点将会扩散，3年后还能不能用，他们没有信心。本来，机身外壳出现锈点并不影响空调运行，如果在国内，这事儿算不了什么，但外国人却“借题发挥”。旅馆老板给格力上了一课：走国际化道路要按国际品牌出牌。为此，格力下决心更换外壳材料，虽然每年增加了好几千万元成本，但却获得了外国客户的信赖。

正是这种对国际市场的开拓精神和质量过硬的专注，使格力空调赢得了国际市场，覆盖了全球80多个国家和地区，成为了格力电器走向成功的基础。

（3）专一化中的无序化

专一化不等于无序化。很多企业由于实行专一化经营战略不仅表现出力量上的分散，工作重心的分散，更突现出工作节奏的散乱。这种情况，往往是由于在战略的整体策划中缺少战术的具体策划造成的。

事实上战略的整体策划是通过战术的具体策划落实和实现的，忽视了战略的具体策划，也就架空了战略的整体策划。在许多商业企业中，设计了过多的动感画面或“叫唤机器”就是一种突出的表现。满心想利用这些东西去吸引顾客，却形成了华而不实，没有达到预想的目的，这种本末倒置的情况是应该加以克服的。

在这些问题上格力是十分清醒的。格力始终坚持两个“坚决”信念：一是坚决不打价格战；二是坚决走专一化道路。董明珠说过：曾经有很多其他企业（做冰箱、彩电、洗衣机的都有）来找格力，希望贴格力的品牌，但考虑到具体情况，如人力、物力等，格力都拒绝了。格力只做空调，从家用空调做到中央空调，格力始终认为市场份额是存在的，市场是无尽的。专一化可以使一个企业始终保持压力，必须不断向前，不断进步，“在专一化上越做越好，越走越远”。在这一点上格力所表现出来的坚定和清醒是难能可贵的。特别是面对众多鼓噪者的指责“我自岿然不动”，正反映出格力战略家的气质和专一化战略运用的娴熟。

不过，对于多元化和专业化之间的关系，董明珠还是有不同于别人的看法。

在董明珠看来，不管是多元化还是专业化，关键在于企业是否具备人才、管理和技术，以及企业进行多元化的目的。假如格力抱着赚钱的投机心理进行多元化发展，那么格力也可能会失败。格力之所以走专一化道路是因为他们觉得这里面还有很多可以研究的东西，虽然是民用产品，但里面同样有科技含量。格力选择专业化，是因为市场还有需求，而不是仅仅为了赚钱。

董明珠承认，她一直不太赞成企业多元化。世界经济一体化的本质是全球范围内的深度分工，深度分工就要求企业深度专业化。每个企业为全世界做一点点，集中精力做好一种产品，才能做到世界前几名，才有资格参与国际分工。

做企业一定要想清楚一个问题：多少为大？董明珠认为，大和小，应该让“规模经济”来说话。达到了规模经济，大不大无所谓，没必要无限膨胀，过度膨胀反而会因为管理成本过度而不经济；当然，若规模太小而达不到规模经济，就应该适当做大。关于做专还是做多，就应该让“范围经济”来说话。因为专业化而丧失必要的范围经济，就是太专，就应该适当做多；离开范围经济一味地做多，这种多元化就没有优势。

所以，不管是专业化还是多元化，其实都只是一种形式，如果你的目的不是为了消费者，而仅仅为了赚钱，哪一种形式都可能失败。在大家还在为专业化与多元化哪个更好进行无休止辩论的时候，董明珠又一次用她超然的理解给我们上了一课。

2 大工业精神

“我想我是寂寞的，至少在中国的制冷工业界。我一直把踏踏实实做事的‘工业精神’作为格力的发展信条之一，但真正读懂其中含义的人又有多少?”

这是董明珠读《亨利·福特自传》后的一段感言。每次看到这段话，我的眼前都浮现出董明珠在万人追捧中无比辉煌却又无比孤单的身影。我明白，那是心灵的孤单，是没有知音的寂寞。

董明珠注定是孤单的，这不但因为她对自己个性的坚持，还因为她在一个浮躁的社会，自觉地承担起了“工业精神”的领跑者。

这让我想起了《阿甘正传》中的阿甘，那个世人眼中的“另类”，坚持自己的理想，四季如一地孤单地跑着。当然，阿甘只是为了自己的理想而坚持，他无法去改变别人，也没想过去改变别人。虽然他最终通过自己的行动带动了一些人，可从本质上来说，他并没想过去改变别人的生活，所以，当有一天他感觉到累了，就停下了跑动的脚步，其他人是否继续跑下去，与他无关。

董明珠不然。从某种意义上说，她也是“工业精神”的领跑者，和阿甘不同的是，她在自己的身上加了太多的责任和压力，她不光要自己领跑，还要影响其他人一起跑。如果说阿甘是一个无意识的精神领袖，董明珠就是一个有意识的精神领跑者。

“工业精神”是董明珠进入商海多年提出的唯一一个概念，2006 年 3

月，在全国人代会上，她提交了倡导在中国企业中弘扬“工业精神”的议案，建议一方面要在技术研发和自主创新方面多干实事、少说空话、长期作战，要耐得住寂寞；另一方面更要关注消费者的根本需求，主动承担社会责任，用企业力量推动社会发展。

同时，她还提议设立“中国工业家”奖项，由国务院每年举办一次评选，专项奖励中国制造业界具有独特精神内涵的企业及企业领导人，成就中国从制造业“大国”迈向“强国”的民族梦想。

很多人对董明珠的做法会感到疑惑，一个做企业的人，努力把企业做好，让企业赚到钱就行了，为什么还要搞这些不实际的“形而上”的东西？再说，那是全社会的问题，不是一个人就能解决的。在很多人的眼里，董明珠这个人太不“实际”。

我想，董明珠的寂寞，恰恰来自国人的这种“实际”思想。而董明珠之所以喜欢福特，是因为福特恰恰是“缺乏”这种实际思想的人。如果我们了解福特的故事，就会发现董明珠和福特之间是何等的相似。福特一次次地放弃自己稳定地工作，一次次地进行研究、试验，只因为他心中有一个不需要马拉的车的梦想；汽车造出后，他又一次次地进行研究、试验，最终发明了具有划时代意义的流水线生产，这一切又因为他的另一个梦想，要让每一个美国人，不管是富人还是穷人，都能开上福特汽车。

如果我们读懂了其中的含义就会明白，福特并不是为了赚钱而去造汽车，他是因为“要每一个美国人都能开上福特汽车”这个梦想而赚到了钱。格力又何尝不是如此，在大家都在走多元化扩张之路的时候，它却坚持专业化的道路，一心把空调做好，目的不也是为了让消费者买到好空调吗？这一点，在一切以赚钱为目的的“专业人士”眼里，又如何不显得另类？

所以，傲气的董明珠敢于吐露自己的心扉：“在聪明人居多的美国，只有一个发明汽车的福特。而同样，在快速发展的中国工业界，也很难找到与格力惺惺相惜的同行知音。”

一百多年前，福特因为执著的“工业精神”而成功。一百多年后的今天，做企业、做事也同样需要工业精神。

工业与商业是不同的。这是一座用思想与汗水、一个零件一个零件构造起来的大厦。大厦的高度，取决于地基的牢固程度。因此，侥幸与投机在这里都不管用，只有秉承一种“工业精神”，朝着理想一步一个脚印地前进，才能走向未来。

这是董明珠的理解，也是董明珠一直孜孜不倦追求的目标。

和“工业精神”相对立的，是我们热情追捧的“商业精神”。改革开放以来，随着社会的整体浮躁，中国的大部分企业都在用“商业精神”来指导企业的发展方向，一切以赚钱为目的，完全抛弃了对社会负责任的精神。其实，这不仅是企业界的一种现象，即使是一些地方的政府部门，也在单纯经济利益的驱动下，忽视了社会的协调、整体发展。

与传统的“商业精神”不同，董明珠所理解的“工业精神”，应该是指少说空话、多干实事，全心全意关注消费者需求，主动承担社会责任，用企业的力量推动社会发展，所有行为都必须抱着对未来负责任的精神，简单说，就是“吃亏精神”。有了这种“工业精神”，就可以把人的力量和智慧无限地聚合起来，实现最大程度的自主创新，创立民族品牌，推动中国的制造业和经济向前发展，并与世界接轨。

在董明珠心中，真正的从事工业的人，必定是“工业精神”的实践者，即有理想、有抱负、有社会责任感，愿意为了这些而放弃眼前的利益。真正的从事工业的人，会把推动社会进步作为自己事业的核心，而非简单地赢取利润。当代中国要发展，需要的就是这种真正的从事工业的人和他们的“工业精神”，他们也需要获得利润，但并不仅仅为了获得利润，他们的利润来自于自主创新而实现的核心技术的发展。

毫无疑问，制造业过于强势的商业精神，只会使企业更富于投机性，更短视，产生更多的不正当竞争，会使工业家们也像商人们一样行事，其结果必然是工业行为的短期化和商业化。

这是董明珠在带领格力成为世界冠军后的一种慎独与思考，这是一种来自独特视角的特别关注，也是让中国的制造业走出困境的一剂良方。对于“工业精神”的执著，让董明珠和格力的奔跑变得更有力量，在他们的身后，越来越多的有识之士已经开始加入到跟跑的队列之中。

以工业精神为核心的格力，要打破“价格低廉—压价竞销—贸易摩擦—出口受限—资金短缺—提升产品结构受限”的怪圈，必须同时拥有独立的技术和市场。为此，不喜抛头露面的朱江洪，专注于技术；而董明珠则以雷厉风行的营销手段闻名于业内，两人正好互补。不过这么一来，人们更多谈到的是董明珠。

“先做事再赚钱”，董明珠经常对经销商强硬地说，“你不能说今天卖格力，明天卖其他品牌，然后再卖一个什么。空调不好卖，卖洗衣机；洗衣机不好卖，卖冰箱。我就要你一辈子都做格力空调。”

全国各地的格力经销商们，被董明珠要求对格力的企业文化“绝对认同”。董明珠要以一种不容置疑的态度，把她的工业精神推进到格力的渠道里去。

董明珠如此做，是因为她看到了“商业精神”所带来的极大的不良后果。也就是说，商业精神带给大家的不是共赢，而是两败俱伤。

对利润的绝对追逐是商业精神的最大特征。但是，由于我们的社会缺少商业伦理的监督，加上整个社会精神的缺失，这种对金钱的追逐已经被放大到了极点。所有人都只注重结果而不注重过程，只要能赚到钱，各种手段无所不用其极。这一点在零售业和制造业表现得尤为突出。而众多的案例表明，如果一切都以商业精神来指导，零售企业和制造企业谁都无法成为真正的赢家。

据信息产业部公布的数字显示，2005 年中国家电业的赢利率为 0.61%，濒临亏损的边缘。格兰仕 2005 年实现了 120 亿元的销售额，但是仅有 1000 万元的赢利。在国美等众多家电大卖场和部分大型家电企业的主导和实施下，已经“尸横遍野”的本土家电业每年都要上演几次价格大战，市场上一片泡沫化的虚假繁荣景象。这足以说明中国众多家电企业面临着共同的困境。

而国美、苏宁这类家电零售连锁企业，2005 年在取得历史最高营业额的同时，利润率也仅为 2% 多一点。而来自供货方的巨额进场费、促销费，以及漫长的付款账期为这个微薄的数字做出了高达两成的贡献。对比国际家电零售连锁企业赢利 5% 以上的数字，本土零售商应该感到汗颜。在以往的交易游戏中，虽然渠道控制者从制造企业身上攫取了利益，但它们并没有成为真正的赢家，也没有找到属于自己的荣耀。

从表面上，商业精神和工业精神都需要追求利润，但诚如董明珠所说，我们不能只看结果不看过程。如果从获利的方式来看，就会发现商业精神和工业精神的本质区别。与商业不同的是，工业与科学技术有着直接而紧密的联系，工业的精神就是科学精神的延伸。与商业精神相对照，工业精神更讲求信用，讲求公平竞争，讲究长远利益。这一点，我们可以从格力多年的发展轨迹看到影子。也就是说，多年来，格力一直都是遵循着工业精神的发展思维。

面对众多媒体的采访，董明珠一直强调工业精神其实就是“吃亏精神”，这句话当然说得过于简单。毕竟，一个企业必须保持基本的利润才能保持正常运转。所以我们要看到，董明珠所强调的“吃亏精神”的背后，实际上是专心做事，真心为消费者服务的观念。

在空调行业习惯于靠价格战来占领市场份额的时候，格力却默默无闻地潜心于工业制造，每年都拿出巨资进行产品的研发试验，并且在原材料上涨，空调利润微薄的情况下，毅然采用名牌压缩机电机以及优质镀锌钢板、螺纹铜管，丝毫不在材料上偷工减料，这就是工业精神的表现。可以说，工业精神不仅仅是一种“吃亏精神”，它还包含着锲而不舍的创新精神。

董明珠说，过于强调商业精神容易使企业变得懒惰，这句话不无道理。为了赚钱，各种手段无所不用其极，喜欢靠“捷径”赚钱的企业自然也就忽视了产品的研制开发，最后养成了懒惰的习惯。总想着在短时间内赚取暴利，时间久了，产品的技术跟不上市场的需求，最终还是要被市场淘汰。

从短期效益来看，工业精神确实是一种“吃亏精神”，因为企业要耐得住寂寞，要投入巨资潜心进行技术开发，这一切，在短时间内都看不到效益。但从长远来看，这一切都是值得的。

研究一下那些“从优秀到卓越”基业之树常青的企业，我们不难发现，那些长期领导行业发展的领袖企业，从表面上看它们好像是在“商业精神”的指导下，实际上它们发展的核心动力其实是一股“傻劲”和“吃亏的精神”。一个真正能够“基业常青”的企业，肯定有自己的核心技术，还有强烈的社会责任感。随着社会的发展，消费者在购买产品时，不仅关注企业的产品质量，还开始关注企业的社会声誉。可以说，在未来的时间，一家没有良好社会声誉的企业，其产品将很难得到消费者的青睐。

格力在“工业精神”的指引下已经走了多远，我们无从得知。但我们知道，格力在这种精神的指导下，已经取得了巨大的成功，而且，正受到越来越多人的关注与赞誉。

2007 年 1 月 20 日晚揭晓的“2006 CCTV 中国经济年度人物”评选结

果中，首次出现了名副其实的“世界冠军”——格力。董明珠这位“工业精神”的提出者与倡导者，捧走了经济年度人物桂冠。

这一桂冠意义深远，从评选的结果来看，本次榜单充溢着资本、环保、国际化等现代化语境，而作为传统制造企业掌门人的董明珠能够跻身榜单与近年来的出色表现密不可分。

在颁奖晚会现场，董明珠表明自己一生所追求的目标，就是把格力打造成为世界级的名牌产品，成为中国人的骄傲。事实上，十多年来，董明珠坚守“一个有责任的人，要敢立潮头勇担重任；一个有责任的企业，要产业报国造福社会”的信念，已经将格力打造成为2006年销售额超过200亿元、拥有国内外四大生产基地的全球知名企业，使格力电器12年稳坐国内空调产销量、销售额、市场占有率冠军的宝座，2005、2006年连续两年荣登世界空调销售冠军，为国家创造了65亿元的利税，缔造了家电行业的奇迹。

而责任、创新、影响力和推动力四方面的出色表现更让董明珠为家电制造行业赢得了荣誉。纵览格力2006年的新闻，很少有对概念的炒作，满眼望去的尽是获奖与头衔。在商业精神泛滥的今天，她依旧坚守并高扬起甘于吃亏的“工业精神”的大旗，不打价格战、概念战，老老实实做产品，踏踏实实做服务。从某种意义上来讲，董明珠的当选代表着中国制造在经历了初步的装配制造阶段之后开始向高端制造挺进的进化路径。

正如颁奖辞所说的那样，“10年磨一剑，她永不妥协，专注如一，用‘中国制造’创造世界纪录。她让全球为东方明珠喝彩：好产品，中国造。”

今天的文化是明天的经济，今天的经济是明天的效益。21世纪的竞争注定是文化的竞争，在历史的长河中，一切都会消亡，唯有文化生生不息。

我们看到，已到“知天命”年龄的董明珠，依然扛着“工业精神”这面大旗，毅然而坚定地朝前走着。也许，她还会继续感到孤单，也许，会有越来越多的人围绕到她的周围，到那时，她会否把这面大旗传到别人的手里，休息一下自己已经疲惫的心？

3 人才的经营

打造一个百年企业，不是靠一位两位企业领袖完成的，而是需要一代代、一批批优秀的德才兼备的人才。

为了能够把格力打造成百年企业，董明珠认为首先要选择一个很好的接班人，因为制度是需要人制定和执行的，如果没有人执行它，延续和发展它，那么最终将会因为人的问题而使自己的企业不能够保证发展，所以要围绕百年企业的思路来进行企业的制度建设、人才的培养。

关于人才的选择标准，已经成为格力副董事长兼总裁的董明珠有自己的看法，她把对企业的忠诚放在了选拔人才的首位。

从理论上讲，把忠诚作为选拔人才的首要标准，并不见得完全正确，但是，这一选择方式却又非常符合中国的很多现象。因为即使到现在中国的法制越来越健全，大家的法制意识也越来越强的情况下，大多数中国人仍然缺少一种契约精神。而这，在职业经理层表现得尤其明显，或者说更受人关注。

在中国，很多企业，特别是一些民营企业，为了突破发展的“瓶颈”，经常借助“空降兵团”来带领企业走出困境。可是，由于中国的民营企业在管理上大多还属于“家族模式”，职业经理人空降之后，要么得不到足够的权力来实施自己的理念，要么在经营理念上和老板有冲突，最后均不得不落个无奈出走的结局。

老板不信任手下的员工，自然也就不会真正地对手下授权。如果是一个小企业，老板一个人的精力足可操控全局，这种不放权的危害还看不出来。可如果是一个有了规模的大企业，仅仅靠老板一个人的能力显然无法管理，此时，如果老板再不懂得放权，那就是弊大于利了。

这时，老板放权的首要考虑，显然是员工的忠诚问题。毕竟，能力可以慢慢培养，要是忠诚度有问题，那就没法改变了。

曾经轰动一时的陆强华事件，就凸显了忠诚对企业的重要性。

1996年，陆强华应邀加盟创维集团，出任创维集团中国区营销总部总经理。当时创维的年销售收入为8亿元左右。陆强华按照自己的营销策略，到2000年离任，创维年销售额已达到44亿元左右，提前两年进入行业五强，坏账总额奇迹般控制在销售总额千分之一的范围之内。

陆强华创造了一套自己独特的，被称为“集中受控式”的营销模式，其核心是财务和物流必须由总部进行集权管理。但是对于一心希望进一步扩展业务的创维集团董事长黄宏生来说，陆强华的这一营销模式明显稳重有余而灵动不足。这种营销观念的冲突终于激起了黄陆矛盾。无奈之下，黄宏生决定：不换思路就换人。

2000年8月1日，黄宏生通知陆强华，要对其工作进行调整，次日，陆强华被免职。在此前两天，创维已委任杨文东替代陆强华的职务。

陆强华认为，从职业规矩来说，如果董事长要调动他的工作应提前协商，他感到“措手不及”。他说，在免职之后，曾与黄宏生有过两次沟通。黄宏生给他一个新位置：中国区总经理。陆强华认为，当时自己加盟创维，双方是就“中国区域销售总部总经理”这一职位签约的，现在的新位子只是有名无实的虚衔，陆强华说：“这一招表面上是把我养起来，实际上养到一年半载，我的‘武功’就废了，到那时，还会有同样的待遇给我吗?”陆强华没有接受新的安排，于是双方变脸。

2000年11月4日，陆强华带领原创维150多名营销精英加盟高路华，出任新组建的东菱电器集团总裁兼中国销售总部总经理。可惜，时隔不久，陆强华再一次和高路华老板黄仕灵起了矛盾，第二次掀起了“黄陆之争”，并且还让黄仕灵到上海的司法机关吃了几天苦头。

显然，陆强华的“率众出走”和格力的业务员集体辞职有相似之处。而陆强华的所作所为，也凸显了企业员工，特别是中高层管理人员的忠诚度对企业的重要性。

作为一家国有企业，格力在决策上显然不存在老板一个人说了算的问题。但是，董明珠在选拔人才的时候为什么还要先看忠诚？

让我们从董明珠在格力的成长历程及其个性出发来分析这个问题。

董明珠刚进入格力时，就用了40天时间去要一笔本不属于她的责任的债务。这一行为即使到现在，仍有很多人会认为她是在做傻事。中国人向来信奉“各人自扫门前雪，哪管他人瓦上霜”的古训，董明珠如此拼命地去做一件与她无关的事情，不被别人理解，也是情理当中。可是，我们应该还记得董明珠当初为什么要去做这么一件与她无关的事：这件事看似与她无关，但却与公司有关。既然与公司有关，她作为公司的一分子，就不应该让公司的利益受到损失。保护公司的利益不受损失，正是董明珠要债的原因。

董明珠上任经营部长时，另一家公司花重金挖她，被她拒绝。原因很简单，第一，她对格力有感情；第二，领导信任她，她就要在危难时刻帮领导一把。在利益和道义面前，董明珠选择了道义，这是她留下来的原因。

面对经销商，董明珠一再强调格力的经销商只能做格力产品，绝不允许经销其他品牌的空调。为此，董明珠不惜采取各种奖罚措施来掌控经销商。面对经销商的行贿送礼，董明珠一概拒绝，她明确告诉经销商，只要好好卖格力产品，就是对她最大的支持。

面对格力内部复杂的人事问题，董明珠曾经不止一次高调宣称公司的部分高层“有问题”。这一点再次表明，董明珠虽然留在格力，但她并不是为了某个人而留在格力，她是“为了格力而留在格力”。

至此，我们可以明白，董明珠在人才选拔问题上所谓的忠诚到底是指什么。她要的绝对不是对某个人、某些人的忠诚，她要的是对格力的忠诚。这与很多私营老板所谓的忠诚有点区别：通常来说，私营老板想要的忠诚首先是对老板的个人忠诚，其次才是对企业的忠诚。虽然从某种意义上来说，对老板的忠诚和对企业的忠诚有相通之处，但这之间又有着微妙的差别。

一个对老板忠诚的人，肯定对老板的战略规划言听计从，不会出现一点违规；一个对企业忠诚的人则不然，他们会为了企业的正确发展而挑战老板的决策，甚至挑战老板的权威。

董明珠显然是一个对企业忠诚的人，虽然她和朱江洪的关系一直很好，合作也很默契，但这并不能说明她忠诚于朱江洪，只能说朱江洪和她一样，只对企业忠诚，所以他们才有着默契的合作。

看重员工的忠诚，华人首富李嘉诚在这方面有着同样的观点。李嘉诚曾坦率地说：“在我公司服务多年的行政人员，有的已工作了很多年，有些更长达30年，什么国籍都有。只要在工作上有表现，对公司忠诚，有归属感，经过一段时间的努力和考验，就能成为公司的核心成员。”

李嘉诚还特意强调：“忠诚犹如大厦的支柱，尤其是高级行政人员。”他还补充说：“在我的两个儿子加入公司前，我的公司内并没有聘用亲属。我认为，亲信并不等于亲人。”

通过这段话可以看出，李嘉诚对于员工忠诚的重视，甚至还要高于董明珠。不过，这也说明了一个企业领导在选拔人才的时候，忠诚所起的关键作用。如此，我们也就可以理解为什么董明珠在选拔人才的时候，对忠诚的重视了。

说实话，在格力，要想成为董明珠看得上的接班人，并不是一件容易的事。毫不夸张地说，董明珠个人的思想境界太高了，她在用自己的标准要求别人达到她的境界，这并不是一件容易的事。一个人最容易被控制的是行为，最不容易被控制的是思想。我们可以猜测一下，董明珠有如此高的思想境界，一部分可能源于她的成长环境；一部分则可能是天性。这两个原因，显然不是通过硬性规定就能达到的。

还有一点值得我们忧虑的是，董明珠用她强硬的作风要求格力的员工，都必须按照她的思维办事。虽然我们也承认董明珠的所有决策都是以公司利益为主，但她这种强硬的作风，能否培养出和她一样有魄力、有创新思维，能够坚持自己原则的接班人？这一点让人担忧。

也许我们的担心都是杞人忧天。因为到目前为止，格力在人才的培养上，已经取得了阶段性的成果。而这一切，无不源于董明珠严格的选拔标准。

董明珠说，要辨别、培养人才很不容易，特别是当一个人拥有权力的时候，也正是最考验一个人的时候。平时看一个员工可能各方面都很好，但当他有权力的时候，是否能够做得好就很难讲。我们无法判断董明珠是否从自身的经验推出这些观点，但有一点我们可以肯定：她的这个看法是正确的。

也正是因为有了这层忧虑，格力在人才的培养上有独特的一套模式：与其他企业重用“空降兵”不同的是，格力电器注重自己培养干部梯队，并创造了一种任人唯贤的选拔、培养与激励机制。对待普通员工，不仅提供大量的晋升机会，还创造了良好的成才环境。张树源，格力筛选分厂的一个普通班长，由于发明了氟回收机，被公司命名为“张树源氟回收机”并受到重奖，被团中央授予“中国青年五四奖章”。曹祥云，一名普通的叉车工，凭借自己娴熟的叉车技艺，在全国叉车比赛中获得冠军……

作为女性，董明珠在管理中对女性的要求反而更严格。正是因为她的这种严格要求，凡是在她手下干活的女性，都能够脱颖而出，有的做得非常成功。

按照董明珠的标准，“如果一个员工不忠诚于企业，那么越有能力就越不能用，因为用得越多对企业的伤害越大”。

曾经有个领导告诉董明珠，人是一个圈，从普通员工到升上官位，不论升到多大，升到多高，到最后，还是回到起点，还是一个普通百姓。因为你总有从官位上退下来的一天，那时你就回归成普通老百姓了。

这句话对董明珠的影响很大，也使她认识到，权力的大小，实际上也就表示责任的大小，权力越大，责任也就越大。尤其是权力越大的时候，可能骂你的人也就越多。因为当你得罪了某些既得利益者，维护了大多数人的利益时，就肯定有人要骂你。所以权力大的时候，敢不敢于面对自己，挑战自己，就显得尤其重要。

据说，柳传志在培养杨元庆的时候，可谓大费心血。不但要培养杨元庆如何处理各种人际关系，如何学会妥协，还专门地针对杨元庆的各种弱点进行有针对性地培养，比如杨元庆性格内向，不善交流，就专门给他机会培养他的演讲能力，并且还专门对杨元庆的穿着打扮进行包装。由此可见柳传志对培养接班人的重视程度。

幸运的是，董明珠在人才的培养上也有着特别的认识与重视。2001 年她升任总经理职务，首先考虑的就是接班人问题。董明珠称自己的这一行为是“防患于未然”。因为她总是要退休的，如果真的是对企业负责，那么就应该慎重地考虑接班人的问题。接班人担负的是让企业继续稳步发展的责任，不仅要有才干，还要思想品德好。格力的销售业绩一直稳步上升，内部管理也比较健全，但要更好地发展壮大，还必须加强对各方面人才的培养。

这段话让我们再次发现一个有趣的现象：虽然董明珠一再强调选拔人才的首要标准是忠诚，但才能显然也是一个无法避免的考察标准。也许我们应该这样理解董明珠所强调的“忠诚”才对：具备才能是一个必需的前提，在具备才能的前提下，再首先考虑“忠诚”的问题。

这样一来，董明珠选拔人才的标准，就多了一层理性与科学性，更容易让人信服。毕竟，如果才能和忠诚得不到有效的统一，就可能导致才能越高，对企业的危害越大的情况出现。

董明珠认为一个企业最重要的有三个方面：技术、管理和人才。现在，格力已经具备了技术和完善的管理，还需要努力的就是人才的培养。

有人问董明珠：你培养了这么多的人才，万一以后他们离开了格力，到了其他的企业，甚至是竞争对手的公司成为骨干，你不后悔吗？对此，董明珠有她的看法。她认为，这些离开格力的人如果能够把格力优秀的工作作风带到其他企业，总体来说是一件好事。毕竟，空调行业的健康发展，只靠格力一家企业的努力是不够的，还需要更多的企业规范发展才行。

我曾经一度疑惑，以董明珠强硬的个性，她能否在培养员工的时候给员工足够的自主权？如果像某些媒体所报道的那样，她是一个专制的人，所有人都必须按照她的思维要求做事，那她怎么能够培养出能独当一面的人才来？

这个疑惑，很快就消除了。当被问到自己是否是一个对下属有控制力的领导时，董明珠说出了她的原则：

控制力不是让员工听话，而是给员工自我发挥和创造的空间。你需要的不是一个事事听你摆布的木偶，而是一个能够用他的聪明才智给企业带来更大利益的人。我可以允许和原谅员工犯错误，前提是这个错误是全新的、从没发生过的、并且事前谁也不能肯定它是错误的。对于那些前期已经看到苗头的错误，我会马上制止，而对于已经发生过的错误，我绝对不允许它发生第二次。在企业经营的15年间，我们几乎没有什么失误，这也证明了我们对市场的控制力是比较强势的。

看来，董明珠是一个绝对理性的人，该控制的她会控制，该让员工发挥得她会绝对放权。这有点像家长在培养孩子，只要不犯大错误，就任其折腾，一旦犯了原则上的错误，就对其进行点拨教育。董明珠的苦心，可见一斑。

当上总裁后，有人曾经有过质疑，董明珠是一个做销售的，能胜任总裁的职务吗？对此，董明珠用事实给了大家一个完美的答案。无论空调市场如何硝烟弥漫，格力的销售额一直保持稳步增长。而董明珠能够成功的原因之一，就是她当上总裁后，合理巧妙地运用了各种人才。

可以说，董明珠不但是一个将才，她还是一个帅才。

我国历史上著名的楚汉之争，最后以项羽惨败，刘邦全胜并建立汉王朝而告终。决定楚汉之争成败的关键因素，是项羽和刘邦不同的人才观和他们的用人之道。

“项羽妒贤嫉能，有功者害之，贤者疑之”，“有一范增而不能用”（《史记·高祖本纪》）。这位“力拔山兮气盖世”的一世枭雄，最后竟落得自刎乌江的悲惨下场。

而刘邦在谈到他能“得天下”的根本原因时说：在战略部署、战略指挥上我比不上张良；在后勤管理、保证供给方面，我比不上萧何；在“横扫千军如卷席”的作战能力上，我比不上韩信。

接着刘邦讲了他所以得胜的根本原因：“此三子皆人杰也。吾能用之，此吾所以得天下也。”他首先肯定张良、萧何、韩信这三个人都是人间豪杰，关键在于“吾能用之”，这正说明刘邦在识才用才方面比项羽更胜一筹。

董明珠既能够带领大家冲锋陷阵，又能够在用人方面运筹帷幄，决胜于千里之外，她不是帅才，又是什么？

4　做企业就是在做社会事业

“2006 CCTV 中国经济年度人物”评选结果一结束，董明珠就成了大家追逐的热点人物。这不仅仅因为她那早就被人们传来传去的传奇经历，还因为她在这一评选中成功成为十大经济年度人物之一。她成为十位当选的企业家中仅有的两位女企业家之一，也是中国空调行业获此殊荣的第一人，被誉为“照亮中国经济的杰出女性”。

这么多年来，伴随着她的传奇经历，董明珠获得的荣誉可谓不少：“全国五一劳动奖章”、“全国杰出创业女性”、“全国三八红旗手”、“世界十大最具影响力的华裔女企业家”等耀眼的荣誉。2006 年度率领格力电器独揽“世界名牌”、“中国空调行业标志性品牌”、“进出口免检产品”、“全国质量奖”等四项顶级荣誉，2005 年 11 月再度荣登美国《财富》杂志评选的“全球 50 名最具影响力的商界女强人”榜，2006 年 3 月，荣获“2005 年度中国女性创业经济大奖”，当选“2006 最具领导力的 50 位 CEO”，“正在影响中国管理的 10 位女性”之一，“中国十大女杰”广东唯一候选人。

能够获得如此多的殊荣，显然不是仅仅把一个企业做到世界名牌那么简单，这个，我们只要看看“2006 年 CCTV 中国经济年度人物”的评选标准就能明白：责任、创新、影响力、推动力。和以往的评选相比，这一次把“责任”放到了首要位置，再看其他三条标准“创新、影响力、推动力”，我们也就明白，董明珠当选，当仁不让，情理之中。

强调责任感，董明珠不是第一个，也不是最后一个，但她却是由始至终始终坚持的一个。

面对价格战，董明珠誓不降价，是因为她要对消费者负责。降价固然可以增加产品的市场份额，但因此而导致的偷工减料，是对社会、对消费者的严重不负责，所以她不降价。

刚当上经营部长，她就开除了一个据说有着深厚的背景、没领导敢动的员工，是因为她不但要对经营部负责，还要对公司负责。

面对多元化经营的诱惑，她坚持走专业化道路，是因为她不仅仅想赚钱，她还要造最好的空调给消费者，她要让中国的空调走向世界，她要为民族争气，为国家争光。

这一切，她做得如此自然，没有一丝的虚伪做作。正如她本人一样，个性毕露，却又直爽可爱。

现在，中国的很多企业都把“企业的社会责任”放在了发展规划之中，这是一件好事情。可我们不妨进行一下恶意的推测，这么多的企业在强调社会责任，又有多少家是真心的？又有多少家是迫于社会的压力？又有多少家是在做秀？又有多少家能够像格力那样，把企业的社会责任当成很普通的一件事去做？

当然，这也不能怪我们的企业，毕竟，企业应该负起社会责任，也是随着形势的变化才慢慢出现的。即使在市场经济成熟的西方国家，这一提法也还没有多少年。对于我国的企业和企业家而言，企业的社会责任问题是一个新的话题，还需要大家慢慢地接受。

西方的企业最初也没有什么社会责任的概念。它们的存在仅仅为了赚钱。古人云：天下熙熙，皆为利来；天下攘攘，皆为利往。企业家冒着巨大的风险投资并且辛苦经营绝不是为了争做现代社会的活雷锋，他们的最终目的是为了赢利。早在20世纪五六十年代，诺贝尔经济学奖获得者米尔顿·弗里德曼就对企业责任进行了颇具代表性的描述：企业的责任就是使利润最大化。

虽然弗氏理论在20世纪70年代的西方国家已经失去了其统治地位，但就目前来说，中国的很多企业家仍然将其奉为企业经营的行动指南，甚至认为社会责任是企业的咒语，他们把企业营利与企业社会责任对立起来，逐利的心态使二者之间形成一条不可逾越的鸿沟。

另一个让企业产生抗拒心理原因是“新贸易壁垒说”。一些舆论评价企业社会责任及其认证标准是发达国家继反倾销、绿色壁垒之后，针对发展中国家发起的新型贸易壁垒。一些专家也警告说，SA8000是社会良知对资本权力进行的一种制约，但极易成为限制发展中国家劳动密集型产品出口的工具。

不管我们乐不乐意，残酷的现实已经逼迫我们必须要承担起企业应负的社会责任。2006年春节刚过，我国不少地区劳动密集型企业用工全线告急。据报道，在南京市某劳务市场，一家饭馆老板表示，现在找服务员真的很难，他已经连续3天在这里等了，“如今是招工的比找工的还急”。

作为一个拥有9亿农民的发展中大国，当许多人苦于找不到工作的时候，竟然出现“民工荒”。“民工荒”问题的实质是民工的工资太低，待遇太差，民工的权益得不到保障，以至于一些民工宁愿待在农村受穷，也不愿到工厂辛苦受累。

是不是企业没有能力公平、公正地对待民工呢？

问题显然不是这样。一位记者曾在一家生产牙刷的全国知名企业调查，企业老板谈起致富经眉飞色舞，但一说起职工的社会保障问题就无言以对。据记者暗访，这家在全国创造了许多项第一、效益甚好的企业，职工养老保险、医疗保险都未解决。

由此看来，民工待遇能不能提高，关键不在有没有能力的问题，而在于把民工放在什么位置上、能不能切实践诺以人为本的问题。

和很多老板不同的是，董明珠从没想过靠廉价劳动力给公司赚取高额利润，她有一个目标，那就是要让格力最基层的员工，也要达到年薪3万元。这一目标，应该与董明珠的经营思维有关。我们知道，董明珠刚上任经营部长，就拿业务员开刀，不但削减了他们的权力，还在业务员的销售提成上进行了限制。董明珠一直认为，一个企业的发展，是企业的每一位员工共同努力的结果，而不是某几个人的功劳。如果把成绩都算到几个人的头上，那是对大多数人的不公平。

格力的社会责任感，还表现在股市上。作为一家上市公司，格力一直都在按照上市公司规范的行为去运作。既不违背上市公司的相关规定，也不像一些上市公司所谓的大股东那样把上市公司作为摇钱机进行圈钱。当初格力筹募资金不过7个亿，到现在格力给股民的分红已经超过了16个亿，而在这一过程中，格力的净资产从1000万左右上升到了近30个亿。无论是股民还是格力，这都是一个双赢的过程。

除了给股民回报，格力电器还考虑到企业的持续发展。格力电器整个经营从1997年起就不需要银行贷款，它在重庆建设的生产基地当年就给国家和地方创造了3000多万元的税收。同时，格力在西部建厂以后，经历了从“输血”到“造血”的功能变化，带动了当地的配套产业，解决了3000人再就业的问题。

格力电器用自己的行动，获得了社会的称赞与尊重。在经济观察报问卷调查的“2006年度中国最受尊敬的企业”入围名单中，格力榜上有名，在一百家榜上有名的企业中位居第38位。而在经济观察报接着举办的“2006年度中国最受尊敬企业颁奖典礼”的企业名单中，又从这100家企业中选出25家，格力电器再次入选，成为这25家企业之一。

消费者对格力的信任与支持，可见一斑。这一切，都离不开董明珠的努力。就如她所说，没有格力就没有她，没有她也不会有格力的今天。

董明珠，更是时时刻刻关注着社会上的底层人群。在2007年全国人代会上，董明珠作为全国人大代表，提出两个议案，其中有一条就是关注“留守儿童”。这并不是一件容易的事情，作为企业家，在大家都在围绕着自身企业的利益提案的时候，董明珠这一提案，再一次尽显她对社会的高度关注。

提案中，董明珠提出如何解决农村“留守儿童”问题的3个建议：

第一，积极落实中央精神，加强社会主义新农村建设，大力发展农村经济。只有农村经济发展了，农民的生活富裕了，才会有越来越多的农民愿意留在家乡、建设家乡，外出务工经商的农民少了，“留守儿童”也就自然少了。

第二，必须改变现有的户籍和教育制度，因为这些制度的存在让“留守儿童”无法在城市里享受教育等公共资源。只有从制度上逐步消除这些障碍，农村孩子才能和城市孩子一样享受公平教育的机会。同时，还应尽最大可能为有条件到城市和父母一起生活的孩子提供方便，不要用歧视的眼光和心态对待进城的农村孩子，以免给他们的幼小心灵带来不应有的压力。

第三，农村“留守儿童”问题不是靠某几个组织、某几个人的力量就能解决的，需要全社会的广泛参与。董明珠提议应该设立“留守儿童关爱工程”，并在全社会系统地推广。首先，各有关部门包括妇联、共青团、学校、村委会等要重视留守儿童问题，要让他们感受到爱；其次，社会各界也要关心留守儿童，企业更是责无旁贷。一方面要积极创造更多更好的就业机会，帮助农民工兄弟，促进其收入水平逐步提高；另一方面要积极参与支持教育事业发展，为农民工子女就学创造更多的机会和条件。总之，只有让留守儿童生活在爱的环境中，即使他们远离父母之爱，也要用社会的爱来温暖他们。

通过这三条建议，我们能够再次看到董明珠耿直的性格。无论是户籍制度还是教育制度，一直是民众关心的话题，也是民众很不满意的两个焦点，政府对此也非常头痛，董明珠能够如此提出，尽显一名合格人大代表的风范。

而就在不久前的2006年8月份，董明珠百忙之余赶到了贵州省黔南洲都匀市平浪镇小学，在这儿，她把自己的30万元稿费捐了出来，希望能够为孩子们营造良好的学习环境。

捐赠仪式上，董明珠表示："格力作为中国乃至世界上最大的空调企业，在做好自身企业发展的同时，还能够为大家做什么？我认为更多的是献出爱心。这次来到这里，我被同学们不畏危房的危险、在艰苦的条件下坚持学习的精神所感动，以后我们还将用各种各样的方式募集资金来支持贵州的教育事业。"

类似的社会捐助，还有很多。

2005年5月，南华工商学院国贸系大二学生庞梦晨患上了白血病，通过各大媒体的报道后，得到了社会上很多好心人的帮助，社会各界共捐资40多万元为她治病。其中，董明珠代表格力电器不仅捐助了10万元，而且格力空调广州公司表示其在五一节期间每卖出一台空调，就捐出5元为庞梦晨治病。这一承诺，很快得到了实现。五一节期间，格力空调卖出的10000台空调不久就为庞梦晨又带来了5万元的捐款。

2005年8月广州格力捐助1万元疗养费给1岁半的白血病儿童郑智鸿，同时拿出5万元，作为佛冈32名贫困儿童的三年学费。2006年6月广州格力拿出8万元捐助因白血病而无缘高考的林延妮，同月，广州格力为广州一普通职工苏彩霞的11岁女儿——白血病患者陈秋岐捐款5万元作为手术费。

这一次次的爱心行动，都表现出作为一个有社会责任感的企业，格力在支持各项社会公益活动，回报社会各界对公司的关心和支持上所作出的努力。

一个被人尊敬的企业家，肯定是一个对社会充满关爱的企业家。福特如此，比尔·盖茨如此，李嘉诚也是如此。他们受人尊敬，并不是他们比别人有钱，而是因为他们为社会做了不少好事。

再看这些受人尊敬的企业家，他们没有哪个人纯粹是为了钱活着。做企业、赚钱，只是他们实现自身价值的一种方式。一旦他们有了足够的实力，他们就开始回馈社会，报答社会。

董明珠是一个自言追求“立功”的人，能够在退休后得到一个好的口碑，就是她的追求。所以，做企业就是做社会事业，在她的身上体现得淋漓尽致。可以说，格力能够发展到今天，与她这种强烈的社会责任感不无关系。有人说，一个人的思想境界，决定了他在人生旅途上所能达到的高度，这句话是否绝对正确，暂且不论。但从董明珠来说，这句话得到了印证。

第七章

美丽女人铿锵玫瑰

1　霸道的背后是柔情

这么多年来，不管是媒体还是个人，描述董明珠的个性时，用得最多的词就是“倔犟”、“强硬”、“霸道”。这些词，没有一个看起来让人感到舒服。奇怪的是，这些词一旦放到董明珠身上，就立即让人感到一种生命的活力与张扬，以及一份自觉不自觉地对董明珠的敬意。

就连董明珠也承认自己是个霸道的人。这不光体现在她的说话上，还体现在她的做事风格上。比如，董明珠由始至终，绝对不允许经销商跟她叫板。她规定经销商卖什么价，经销商就必须卖什么价。而且，如果经销商的服务不好，她会毫不犹豫地将之清除出场。对此，董明珠曾非常霸道地说：“不是你想卖格力就可以卖，我愿不愿意给你卖，还是个问题呢。”

显然，我们可以找到众多的案例佐证董明珠的这句话。从一上台就清除了格力最大的经销商，到与国美的决裂，董明珠都毫不犹豫。

拖欠货款是中国零售批发行业普遍存在的现象。不仅老外头痛，中国商家也无不摇头：拖欠货款 100 年都解决不了。董明珠说：“我就不信邪。”结果一年就全部解决问题。

刚开始的时候，员工对董明珠的这种霸道一点都不适应。这些在国营企业养成懒散毛病的员工，面对董明珠只讲原则、不讲情面的工作作风，均敢怒不敢言。

有一次，董明珠走进办公室，看见不知谁带了一堆土特产来，大家正在抢着吃。董明珠一下子火了，她厉声责问：“谁让你们上班吃东西的?”

董明珠话刚问完，下班的铃声就响了。那些忐忑不安的员工都松了一口气，以为都躲过了一劫。没想到董明珠是个认死理的人，别说是提前了半分钟，就是提前了一秒钟都不行。她宣布：刚才吃零食的人每人罚100元！

这件事让大家认识到了董明珠对工作制度的苛刻。当然，也有不少人认为董明珠太不近人情。可董明珠明白，她要是和别人一样太“近人情”，那经营部的工作又要回到以前的懒散状态了。对董明珠来说，工作中是没有柔情可言的，女性领导不是靠“亲和力”来解决问题。制度是铁的纪律，就好像部队打仗一样，战场上讲不得半点柔情。只有严格的制度和纪律才能产生高效的工作作风。

也正是因为董明珠这种在工作上严格纪律的作风，经营部很快成为格力公司效率最高的一个部门。这个部门的每一个人都跟着董明珠一起每天工作十几个小时，但是大家都毫无怨言，被她批评过的部属说：“被她批评也甘心，最怕的是她哪一天不再批评你了。”

站在人性的角度考虑，我不是很赞同董明珠的一些做法。虽然说上班时间严格遵守工作纪律是正确的，但不能因为你一个人的工作风格，就希望手下的员工都能和你一样为了工作抛弃了其他的生活。尤其是下班之后的加班问题，从公司的发展来看是正确的，但若考虑到每个人，这未尝不是对个人权益的一种伤害。

中国的企业，尤其是私营企业，在加班问题上向来是被打工者所诟病的一个焦点。加班本身并不存在正确或是错误的分歧，合理的加班，即使在国外也很普遍。问题是，中国的众多企业，都在进行不合理的加班——有很多的加班者是拿不到加班费的。

曾经被华为称赞不已的“床垫文化”，可以说是“加班文化”的一个典型。在任正非的《华为的红旗到底能打多久》一文中有这样一断话：当我们走上这条路，没有退路可走时，我们付出了高昂的代价，我们的高层领导为此牺牲了健康。后来的人也仍不断在消磨自己的生命，目的是为了达到业界最佳。沙特阿拉伯商务大臣来参观时，发现我们办公室柜子上都是床垫，然后把他的所有随员都带进去听我们解释这床垫是干什么用的，他认为一个国家要富裕起来就要有奋斗精神。奋斗需一代一代地坚持不懈。

在这段话中，处处流露着一种中国式的骄傲：为了企业，为了国家，个人的牺牲是值得的。

可以说，这是中国几千年传统文化所留下的后遗症：集体的利益总是要高于个人的利益。可是，集体的利益代表的不恰恰就是每个人的利益吗？遗憾的是，当我们过度强调集体的利益时，个人的利益实际上已经被架空了。

在胡新宇因过度劳累而不幸早逝的事件被曝光后，各方对于华为，对于床垫文化的责难不绝于耳。在某些人眼中，华为似乎成为了盘剥员工的“现代地主”。难道创造了中国通信产业神话的华为真的如此不堪吗？任正非在公司内刊《华为人》发表了《天道酬勤》一文，首次正面回应了外界的责难——“我们还必须长期坚持艰苦奋斗，否则就会走向消亡”——床垫文化不能丢！

在任正非看来，信息产业正逐步转变为低毛利率、规模化的传统产业。电信设备厂商已进行和将进行的兼并、整合正是为了应对这种挑战。华为相对还很弱小，面临更艰难的困境。要生存和发展，只能用在别人看来很“傻”的办法，就是艰苦奋斗。而床垫文化正是这种艰苦奋斗精神的典型，又怎么能丢弃呢？

站在公司的角度考虑，任正非的这种辩解也许是正确的。可我们能够看出，这是一种“扯大旗做虎皮”的辩解方式，把企业的发展放在第一位，员工的个人利益都要为了企业的发展而做出牺牲。

根据这种辩解，我们有理由相信，那些低技术、低利润的加工企业，更有理由发展“加班文化”。因为他们的利润更低，他们的处境更岌岌可危，为了企业能够继续存在下去，他们压低工人的工资，延长工人的工时，从企业的高度来看自然是正确的。

这显然歪曲了我们工作的本意。人之所以努力工作，是为了更好地享受生活。假如每天都在为工作而忙得焦头烂额，为了工作而工作，那工作也就失去了意义。不可否认，有些人天生就是工作狂，为了达到心中的一个人生高度，他们可以放弃所有的生活，把全部身心都扑在工作上。可毕竟这种人是少数，大部分人还是普通人。如果我们要求每一位员工都像工作狂那样为了工作什么都不顾，似乎过于残酷。

也许我的看法也很片面，因为有人会说：“皮之不存，毛将焉附?”如果企业都不存在了，怕是想加班都没机会了，生活就更成问题了。仁者见仁，智者见智，对这个问题，每个人的立足点不同，就会有不同的看法。

不管怎么说，董明珠的个性和她的人生追求让我们相信，她虽然霸道，但她不是那种不讲理的人。据说，虽然在工作上严厉，但工作之余，董明珠会替小伙子物色对象，还经常和姑娘们一起上街购物，真正熟悉她的人会亲切地叫她“董姐”。

董明珠最常说的话是“企业领导要带头讲奉献”。在对待个人的物质利益上，她认为，在工作上永远不要满足，但在生活上要学会知足；国有企业的领导如果没有这一精神支撑就会失去平衡。许多企业家之所以出问题就是太强化个人的利益，而淡化了责任感和奉献精神。与同行业的大企业家相比，就她对企业的贡献来说，个人的收入也许很少很少，但是她走到哪儿，没有人不由之更加敬重格力，这是她引以自豪的最大收获。

我一直在想，董明珠为什么敢如此霸道?不但对员工霸道，对经销商霸道，即使对她的上司，她也敢直言指责，毫不畏惧。

我们知道，一个人敢于对别人霸道，要么是因为这个人特别有才，故而高傲；要么是因为这个人有权有势，才敢对别人霸道。可是，虽然我们承认董明珠有才，董明珠自己却不承认自己特别有才，她只是觉得自己勤奋。至于有权有势，董明珠显然并不具备。虽然说她现在是格力的总裁，但她上面还有董事长。而且，她的霸道早就在未任高官之时就已经表现得淋漓尽致了。

后来我终于想明白了，董明珠敢于如此霸道，不是因为她有才或者有权有势，而是因为她心中无愧，做每一件事她都是坚守原则，对得起企业，也对得起个人。

“我心，日月可鉴!”

“我很自信，也很坦然，这些年没有决策上的失误。”

如果我们只注意到董明珠霸道的表象，而没有发现是什么支持她这么霸道，那我们就无法客观地评价这个人。而董明珠对自己的霸道是如此解释的：“霸道”也好，“武断”也好，在我身上表现得很明显。但我绝对不是盲目地“霸道”和“武断”，而是经过深入的分析，感觉到一定能实现的时候，才作出这样的决策。

也就是说，董明珠的霸道，不仅仅在于她做事的公正，还在于她对自己做出的决断拥有绝对的信心。她的霸道不是武断，而是一种理性的自我认可。

现实中，有很多人，特别是手中有了一点点权力的人，也经常会表现出霸道的一面。不过，这些人的霸道，有点外实内虚，色厉内荏的味道。对比董明珠，我们就知道为什么这些人的霸道底气不足：首先他们的霸道不是个性的霸道，不是对自己充满信心的霸道，而是权势的霸道，直白地说，就是狐假虎威，一旦没有了手中的权力，他们就霸道不起来；其次，现实中，很少有人能够像董明珠这样为了原则而做到“六亲不认”，当一个人在威逼利诱面前都能够坚守原则的时候，即使这个人锋芒内敛，也会让人感到一种逼人的气势，这就是“霸道”。

董明珠的霸道就是如此，它是一种由内到外的气势，咄咄逼人，不怒自威。

不过，董明珠的霸道，更多的是对事，而非对人。在她霸道的背后，隐藏着女性天生具有的柔情。

有一个女员工因违反制度规定被罚了100元。这个女员工的丈夫跑售后服务常年在外，她一个人带着孩子过日子，夫妻俩收入都不高，100元对她来讲是个不小的数字。可是，制度不能破，这是董明珠的原则。第二天晚上，董明珠悄悄找到这位女员工，塞给她100元钱。“这是我私人的钱，给你补上。记住，明天一定要把罚款交上去，以后工作不要再马马虎虎了。”董明珠一番话语重心长，令这位女员工感动不已。

因为拒绝哥哥帮经销商拿货，十几年来哥哥和董明珠翻脸为仇。几乎所有的媒体在采访董明珠的时候，都会提到这件事。而且，几乎所有的媒体对这件事情的评价，就是董明珠坚守原则，大公无私。

董明珠不止一次在媒体面前说过：如果我退休后哥哥能够理解我，我还认他这个哥哥。

每次看到这句话，我都仿佛感受到了董明珠的一种无奈和愧疚。我当然相信董明珠的大公无私，可是，她真的是到了大公无私到没有感情的人吗？显然不是。

董明珠一次次地在媒体面前重复：只要哥哥能够理解她，她还会认这个哥哥。这是不是在向哥哥传递她一种愧疚的心情，我们不得而知。但我们却可以猜到，董明珠和她的哥哥原来的兄妹之情并不冷漠，要不然哥哥不会兴冲冲地要到她家来要货。一边是亲情，一边是做人的原则，面对两难的选择，董明珠虽然最后做出了“舍情取义”的举动，可她真的能够视亲情而不顾吗？恐怕不然。

董明珠肯定不是圣人，也还没到“四大皆空”的境界。我们只能猜测，这个女人为了工作的需要，为了坚定的信仰，悄悄地把女性柔情的一面隐藏到了心灵的某个角落，轻易不再显露。也正是如此，董明珠不经意间流露出的一丝柔情，就会让大家感到兴奋和激动。只是，由于工作的缘故，她过多地放大了自己霸道的一面，而又过度地隐藏了柔情的一面。

这个辉煌的女人，得到了很多普通人得不到的东西，也失去了很多普通人能够享受的东西。

也许，作为董明珠的顶头上司兼多年的合作伙伴，朱江洪的评价更具有信服力：“她是个好人，就是嘴巴不饶人。”

“董姐刀子嘴，豆腐心。”同事们对董明珠的评价。

有人说，一个人如果某种个性太突出，就会掩盖其他的个性。我们不知道董明珠是否符合这个论断，但我们知道，在董明珠霸道的背后，是她似水般的柔情。

2 不爱穿职业装的总裁

和坚守原则的个性相映成趣的是，董明珠在衣服的穿着上，一反倔犟固执的作风，几乎不穿标志着成功女性的服装——职业装。

有熟悉董明珠的人说，她这人收集的衣服很多，却很少穿职业装。的确，从各种资料上找到董明珠的相片就可发现，不管在什么场合，她都很少穿职业装出现。

一个对下属的穿着要求都要进行干涉的总裁，却对自己的穿着打扮如此“放纵”，这实在是一个很有趣的现象。当然，如果我们以“只许州官放火，不许百姓点灯”的思维去揣测董明珠，未免显得过于小气。

细细浏览董明珠平时的穿戴，就会发现，她的服装风格总是介于职业装和休闲装之间，而这一服装风格，在近年来正不断受到职业女性的追捧。董明珠无意之中又在职业女性的服装上领先了一步，这点，恐怕不是董明珠预料到的。

判断一个人的性格，往往可以从对方的衣着打扮上看出。一个人衣着邋遢，说明这个人不注重自己的形象，做事也不会利索；一个每天都喜欢穿西装打领带的人，肯定是比较注重别人对自己的印象，这种人在工作中通常都比较努力，但可能缺乏变通；如果一个人不喜欢穿正装，也不怎么喜欢戴很多的金银首饰，那这个人的思维可能比较活跃，并且不喜欢受到别人的约束。

我们发现，董明珠恰恰就是这种人。在思维上，她绝对不能忍受约定俗成的惯例对她的约束，在行动上，她一而再、再而三的惊人举动更是让人认识到，她绝对是一个喜欢在任何事情上都掌握主动权的人。

格力能够发展到今天，与董明珠的性格有着很大的关系。作为家电业唯一“站出来”对峙流通渠道强权的企业，格力的坚持令众多家电企业肃然起敬。渠道商与制造商本应是“双赢”的关系，但是随着家电业市场化程度的提高，竞争的日趋白热化，国美等渠道商靠价格优势在市场中逐渐占据主导地位，制造商的利润空间则进一步被挤压，二者的相互制约关系也被打破。在此时，格力的叫板无疑是一股平衡家电业制造商与渠道商制约关系的新力量，为家电制造商摆脱沉重的价格压力提供了新思路，同时也为格力日后与其他渠道商合作增添了讨价还价的机会。

国美也算是很“霸道”的企业，可是在董明珠面前，却也不得不折戟沉沙，偃旗息鼓。董明珠的强硬，让她再一次掌握了流通渠道的主动权。

而无论是先付款后发货、淡季返利、年终返利还是曾被人称赞不已的“格力营销模式”，都让我们看到了董明珠不受约束的灵活思维。

在《蓝海战略》一书中，作者不惜花费大量篇幅告诉读者，一个企业应该如何跳出竞争激烈的“红海”，找到自己的“蓝海”。作者提出：要赢得明天，企业不能靠与对手竞争，而是要开创“蓝海”，即蕴涵庞大需求的新市场空间，以走上增长之路。这种被称为“价值创新”的战略行动能够为企业和买方都创造价值的飞跃，使企业彻底甩脱竞争对手，并将新的需求释放出来。

格力由家用空调到中央空调的进军，可谓是在开创“蓝海”，寻求新的市场空间。同时，格力的售后服务，也再次体现了“价值创新”为企业所带来的实质性利益。

董明珠说过：“最好的产品是不需要售后服务的。”如果衍生至体验层面，亦即最好的体验是永远不需要售后服务的。由于对产品品质的自信，以及较早建立了专卖店销售模式，格力始终能在第一时间触摸到顾客最本真的需求。现在，专卖店不仅成为格力空调的最佳体验店，而且其安装服务体系已经成为格力的下一个利润增长点——好空调节省了大量的售后服务费用。

但我认为，这并非格力开创蓝海的经典之作。真正的经典之作是董明珠一次一次地打破行业游戏规则，又重新建立自己的游戏规则：

“淡季返利”政策，不但让格力在淡季也有了充足的流动资金，而且使格力的空调即使在淡季也能像旺季那样销售。

“年终返利”政策，不但提高了经销商的销售热情，而且提高了经销商开拓新渠道的热情，这为格力扩大市场分额作出了贡献。

“格力营销模式”的诞生，不但使格力在销售渠道上掌握了主动权，而且稳定了格力产品的市场价格，使格力避免了价格战而带来的“红海竞争”。

……

当你换一种思维、换一个角度去看同一个市场时，你会发现新的蓝海，这是《蓝海战略》告诉我们的价值创新。

当你建立了自己的游戏规则时，你也就开创了一片新的蓝海，这是董明珠的成功之处。

董明珠不喜欢穿职业装，不仅仅是因为不喜欢受约束，还因为她也是一个女人，她也爱漂亮。

虽然平时工作很忙，但只要有时间，董明珠也喜欢逛商店，而且逛打折店。要是能淘到物美价廉的打折货，她也会像平常人一样兴奋不已。

“20 块钱的帽子，我觉得戴着很好看。”

一个女人的天性，此时暴露无遗。其实，以董明珠的经济实力，在买东西的时候又怎么可能会在意价格呢。她之所以如此做，无非是想享受一下普通女人的乐趣而已。人往往都是这样，没有钱的时候，拼命地赚钱，钱够花的了，就希望在一些小事上得到乐趣。董明珠也许就是如此，她享受的并不是用很便宜的钱买到了一顶帽子，她享受的应该是买帽子的过程。

有人称董明珠为女强人，对此董明珠不置可否。也许是自知无法堵住别人的嘴的缘故。不过，偶尔董明珠也会强调：我不是什么女强人。她自称是“做平凡事、做平凡人”的女人，她做人的原则是尽力做好每一件事。做员工、做领导，要敢于承担和奉献，位置不同，都是做好一件事。

董明珠最喜欢的歌曲是周华健的《朋友》，可惜她为了工作几乎剩不下几个朋友了。或者是因为做了朋友在工作上就越难解释清楚，或者是因为工作关系干脆成不了朋友，又或者她的朋友们和她一样地忙碌——多是些和她类似的女企业家们。她说你看“不经历风雨怎么见彩虹”这歌词写得多好呀，快乐对我而言就是战胜了困难，而不是今天穿了什么漂亮衣服。

很多记者在采访董明珠时，都被她高贵而典雅的形象所震惊。而据董明珠手下的员工反映：董总天天都这么漂亮的。有些生意场上不服气的人专程买机票来看看董明珠是何等样人，见了她也都掩不住自己的吃惊：“你怎么这么漂亮？”

这时候的董明珠就会反问一句：“怎么女领导非得很丑吗？”

有人说董明珠要是发起狠来，肯定让你心惊胆战，但她要是笑起来，也会让你如沐春风。这话一点不假。董明珠不但长得漂亮，笑起来也漂亮。当她笑的时候，你会感觉她的眉梢都在笑。

董明珠毫不掩饰对于浪漫的追求，向往许多普通女性所拥有的情感与生活：没那么大压力，没那么多事情，生活随意，讲究品位。她一再说如果自己只是一个普通女业务员，一定会照顾好家庭，追求一些简单的幸福与快乐。然而人踏上了不同的路就必须接受不同的结果，工作和社会上的挑战越多，留给情感的空间就越少，哭也哭过，气也气过，最发泄的方式不过是躺在床上狂睡，直到对自己说“算了，不气了”，再从头坚强面对。现在她睁眼闭眼，想的都是如何做空调与卖空调，生活与工作，别无选择又结结实实地搅和到了一起。

所有采访过董明珠的记者，据说只有一位到过她的家里。这位记者后来披露，走进董明珠的家里，你会感到一种凄凉的感觉。

从记者的这句话里我们无法知道董明珠的家里到底是什么样子，但我们可以猜测，这个在商场上叱咤风云的女人，几乎没有自己的私人生活了。据说，只要不出差，她的大部分时间都是在公司度过的，有时候出差刚回来，在办公室休息一下，整理一下行李，就又要出差。这种连轴转的忙碌，让她忘记了自己的私人生活。

至此，我们能够理解，为什么董明珠不喜欢穿职业装了。这不光是因为她的天性不喜欢被约束，还以为她已经没有了自己的私人时间。一个除了工作没有其他生活的女人，除了在服装上展现一下她爱美的天性，还能怎么做呢？

董明珠的办公室有一张是她在溪边戏水的照片，露肩的深蓝色条格裙装，白色旅游鞋，蹲在溪中的石头上，撩起水花，笑得异常灿烂。对于喜欢穿漂亮衣服的她来说，这样悠闲的时光太珍贵了。

时光荏苒，岁月飞逝。十几年来，凭着一心把企业办好的奉献精神，董明珠经历过各种风雨，也获得过各种普通人所得不到的荣誉，可以说，“立功”她已经做到了。可是，岁月也无情地在她脸上刻下了细细的皱纹。当初她为了享受一份宁静而来到珠海，没想到一脚踏进空调行业，得到的却是无休无止的加班和马不停蹄的奔波。已届“知天命”的她，虽然依旧高贵典雅，风采依旧，但私下里，她却变得不爱照镜子了。

对此，董明珠持有一个开放的心态。她说：“人总是要老的，早老和晚老并没有不同。谁的一生都会遇到困难，只是问题性质不同而已。两年前人家说我‘漂亮’，现在只肯说‘精神’！但我很快乐，不遗憾，做人很透明，因此不胆怯。别人说‘夹着尾巴做人’，我都没有尾巴，夹什么夹！也许将来我退休了，会办一个提供免费咨询的服务公司，帮助中小企业去；或者干脆带孙子，多快乐！”

我突然明白董明珠为什么不喜欢“女强人”这个称号。虽然毫无疑义，她确实是个女强人，但女强人的生活，让她失去了太多平凡的乐趣，这又哪是别人能够理解的？个中的酸甜苦辣，也只有她最清楚了。

3 最对不起的是儿子

作为中国空调市场连续12年的老大，今天董明珠的一举一动，都让竞争对手无比关注。但在家电江湖刀光剑影外，令董明珠最为牵挂的却是她的儿子。

董明珠36岁离开南京到深圳创业时，她的儿子东东刚读小学二年级。董明珠把孩子留在家里，让妈妈帮忙看管。只有在出差时，董明珠才能有时间回家看看儿子。每次回到家里，儿子总是不说话，只是像小猫一样紧紧依偎着她，仿佛只要一松手，妈妈就会离开他。外婆让他早点去睡觉，他就拼命摇头，说自己不困。但只要董明珠说："快去睡吧，妈妈一会儿去陪你。"他就"刷"地一下子蹿到床上去。

每次想起儿子，董明珠锐利的眼神就变得柔和起来，母性的柔情，尽显无遗。

有一次董明珠出门后，发现有东西落在家里，就赶紧返回去拿。经过孩子房间，她想把被子打开再看孩子一眼，结果她撩开被子，却发现孩子蒙在被子里哭得满脸鼻涕和眼泪。董明珠的心一下子被揪紧了，那一刻，她意识到自己作为一个母亲，给予孩子的太少了。东东看到母亲又回来了，赶紧把眼泪擦干，还装着笑说："妈妈你快走吧，我没事的，我没事的。"

看到孩子这么小就这么懂事，明明舍不得她走，却又忍着不说出来……董明珠搂着儿子，眼泪再也忍不住地流了下来，那一刻，她真想放弃所有的一切，只好好地陪着儿子，看着他慢慢地、健康地长大。她甚至想，自己要是个普通的家庭妇女该多好，也许那样儿子会更幸福。

这个被对手以“霸道”来形容的女人，此时再也不是那个叱咤江湖的铁娘子，她是一个母亲，一个充满深厚母性的母亲。

这一幕，深深地刻在了董明珠的心里，那是她一生都挥之不去的痛。

后来儿子慢慢长大了，不会再在妈妈面前掉眼泪了，但也会开玩笑地说：“报纸上老表扬妈妈，也应该表扬表扬我啊，我从来没让你操过心。”

是啊，董明珠能够走到今天，又怎么能够离得开儿子的支持呢？虽然说她和儿子见面的次数少得可怜，可只要一想到儿子，她的心中就有一丝欣慰的感觉。儿子如今已经长大成人，走上了社会过着自己想过的生活。这么多年，儿子从没有向她抱怨过什么，反而特别理解她，支持她，她又怎么不能够感到欣慰？

可是，她给予儿子的是不是也太少了点？当儿子特别需要她的关爱的时候，她在外漂泊；当儿子孤身旅行，需要她的保护的时候，她却迫于原则，强硬地让儿子独自面对风雨。这一切，作为一个母亲，她是不是欠儿子太多了？

儿子12岁时第一次坐飞机，他问妈妈：“乘飞机那天你能不能送我？”此时的董明珠，已经成为“走过的路不长草”的那个女强人，有着足够的经济实力和条件答应儿子的要求。但是，面对儿子殷切的眼神，她拒绝了儿子的要求，理由是她没有时间。当儿子又请求让她的同事送他时，又被她拒绝了。

多年之后董明珠想起此事，仍然唏嘘不已。她已经对儿子欠得太多，却又如此“无情”地拒绝儿子，作为一个母亲，她做得是不是太残酷了一点？要知道，当时的广州机场比较乱，儿子才只有12岁，让他一个人从珠海乘公交车到广州机场坐飞机，未免过于苛刻。

董明珠说："到了目的地，孩子下飞机时，我们的营业员接他。营业员在电话里告诉我，孩子简直就是从机场冲出来的。"说到这里董明珠再度哽咽："我一下就明白了孩子那时内心的紧张和没有安全感，我心里难受得不得了。"

没人知道，那个只有12岁的孩子，一个人坐上公交车，又一个人上了飞机的时候，心里都在想什么。他的心里仅仅是恐惧吗？也许，还有一份对亲情的盼望。

或许，他让母亲送他，只是想多和母亲待一会儿。虽然他从小就习惯了掩盖自己的感情，可他毕竟还是个孩子，一个盼望母亲的疼爱的孩子。在别的孩子那里，也许已经对父母过多地爱护感到厌烦，可为什么到了他这里，母爱就显得那么的单薄呢？

"也许人生不能两全，成功背后总是有遗憾。"虽然儿子如今已研究生毕业，但过去的时光仍令董明珠感慨万千。

不知道每日忙于烦琐工作的董明珠，是否在夜深人静，心情平静的时候想一下儿子的内心成长过程。

在南京做格力空调做销售两年多时间，董明珠几乎天天都在市场奔波，很少回家看看母亲和孩子，有时偶然路过家门回去一下，由于很晚，母亲、孩子都睡了，第二天很早她又离开了家。这回董明珠又在"价格战"上打了胜仗，她决定回家好好地待几天，陪陪母亲和孩子。

董明珠依然记得那天的情形，那天，儿子回家看到她躺在沙发上，就显得特别高兴。结果这个时候电话响了："格力一批销售员'集体辞职'，请回总部处理经营工作。"

董明珠来不及和儿子说几句话，就收拾行装，向火车站奔去。在上火车的那一刹那，她清楚地看到儿子脸上的泪，望着儿子，她的眼泪也刷刷直下。

作为一个母亲，董明珠跟任何一个普通的母亲，没有任何区别，她一样是对自己的子女有那样的一份真诚，那样一份亲情的投入。虽然她在内心承认对儿子的愧疚之情，可正如她在高中时就有的“常有理”的外号，从某一方面说，她仍然相信自己的教育方式是正确的。

面对如何教育孩子的问题，董明珠有着自己的观点。她认为一般家庭对孩子的“溺爱”并不是一个好的教育方法。不能让孩子受凉，要让孩子吃饱穿好，或者买好衣服给他穿，送礼物给他，用车送他上学，考试时甚至把饭菜都送去等，董明珠认为这种母爱并不是培养孩子的最好方式，在她看来，最好的母爱，应该是给孩子一个发展的空间，让他自己去判断事物。

从培养孩子健康发展的角度来说，董明珠的看法无疑是绝对正确的。也正因为此，当被问到“最伟大的成就是什么”时，董明珠非常自信地说：“两方面：没有溺爱儿子，让他能够懂事地成长；我这十几年，使格力成为中国名牌，并将在不久的将来成为世界名牌，就是我最大的成就。”

其实，董明珠的生活，又何尝不是只有这两个中心。除了孩子，还能够让她念念不忘的，就是如何把格力做成世界名牌了。而她花在工作上的时间和花在孩子上的时间相比，又何止是千百倍的差距。

为了工作，儿子11岁就被她送进了寄读学校。如她所愿，儿子如今已经长大成为一个独立自主，有着自己的奋斗目标的人才，但是，儿子却很少给她打电话。

有一次，董明珠问儿子：“你为什么不给妈妈打电话?”

儿子说：“我不给你打，你也会给我打。”

董明珠听了，想了想觉得也有道理。不过她还是试探着不给儿子打电话，看看儿子会不会给她来电话。后来发现根本不行，儿子仍然是很少给她打电话。后来董明珠想明白了：做母亲的，不能希望孩子围着自己转，既然自己已经设定了目标，是希望他成为对社会有用的人，就更不应该用这样一种心态去要求他。

儿子突然之间也会给董明珠来个电话，不过，这种主动性往往是由董明珠引起的。

有一次，上海东方卫视《波士堂》栏目访谈董明珠，节目制作人打电话给董明珠的儿子，希望他也能到现场。但是，董明珠的儿子以工作为由，推掉了这次邀请。但是，他随即给董明珠打了个电话。

董明珠接到电话，感到很突然，因为儿子很少主动给她电话的。儿子在电话里问她，需不需要他去现场？不去可以吗？董明珠告诉儿子："如果你愿意，谢谢你！如果你不想就不用。"

儿子说他不想去，他不想因为董明珠的这个平台，而让自己不能像普通人一样在社会上竞争。他甚至说以后选择工作，绝对要找那种没人认识他的地方，他希望在这个过程当中找到自己的感觉。

董明珠听了儿子的想法，感到一丝欣慰。儿子要避免她的光环的影响，去寻找自己的生活，这正是她希望的。虽然，她心底也希望能够借此机会和儿子见上一面，但她仍然尊重了儿子的选择。

董明珠和儿子见面的机会真的是太少了。有一次她到北京出差，晚上10点多了还禁不住跑到了儿子的学校。

只是，敲开儿子宿舍的门，看了一眼，说了几句话，她就走了。也许，那应该是个令人伤心的场面：儿子和母亲，每个人都有很多的话想说，可谁都不知道该如何说起。感情压抑的太深了，有时候反而不知道该怎么表达。

董明珠最喜欢的一首歌："藏起想哭的心，对你撒个真诚的谎……"是否可以描述她当时的心情？她一直都希望能够好好地和儿子进行沟通，她知道儿子也盼望着能够和她好好沟通，可是，她的时间太紧张。

每次和儿子沟通的时候，总是电话不断，对此，董明珠感觉无奈。有一次，儿子终于忍无可忍，把电话给拔了。他说老是在跟你沟通很有感觉的时候却被你的电话破坏掉了。

那是多久以前的事了？反正，不管多久，在董明珠的心中，那一幕总是仿佛在昨天刚刚发生。这句话对她的刺激太大了，她知道儿子一直都有很多话想跟她说，她又何尝不是有很多话想跟儿子交流，只是她的工作太忙了，不得不一次又一次藏起对儿子愧疚的心情。

不过，董明珠的母爱藏得太深了，以至于爆发的时候，也显得那么突然，又那么感人。

在荣获央视“2006 年 CCTV 中国经济年度人物”后，站在 CCTV 领奖台上董明珠没有哭，可收到儿子一条“亲爱的妈妈，恭喜你”的短信，她却泪如雨下。

母爱，淋漓尽致。

2014 新书预告:“变局”系列丛书

实体店销量下滑、线上线下冲突不断,互联网、大数据、OTO……,市场一线的压力让企业痛苦,扑面而来的新名词、新玩法又让企业焦虑甚至恐惧。

谁都不想成为恐龙,怎么办?希望2014年陆续推出的“变局”系列丛书,能帮助企业看清方向,心中有数!

- 《变局下的**营销模式**升级》程绍珊　叶宁著

营销模式怎么变,无外乎三种方式:客户驱动模式、技术驱动模式、资源驱动模式!

- 《变局下的**白酒**企业重构》杨永华著

白酒行业从扩容式增长——“你增长,我也增长”,变成竞争式增长——“你死我活”,产业整合大势中,谁能活下来?需要哪些条件?怎样才能做到?

- 《变局下的**快消品**营销实战策略》杨永华著

通胀了,成本增加,涨价也不是长久办法,如何从一招一式的被迫应战变成心中有数的“系统战”?

- 《变局下的**工业品**企业7大机遇》叶敦明著

产业链条的整合机会、盈利模式的复制机会、营销红利的机会、工业服务商转型机会、渠道的合纵连横机会、借船出海的资本机会、电商机会……

- 《变局下的**农牧**企业9大机遇》彭志雄著

食品安全、纵向延伸、横向联合、品牌建设……是挑战,又都是机遇!

- 《变局下的……》敬请关注

BRACE 北京博瑞森图书 图书导读

为了帮助读者更快、更方便地找到自己需要的书，让书发挥最大价值，我们精心制作了这份导读，希望对大家有所帮助！

博瑞森的书，最适合谁来读？

经营者（老板、总经理、董事长、企业家、合伙人、厂长等）和**管理者**（企业高层、中层和部分基层管理者）以及企业的**骨干员工**，是博瑞森图书的主要读者群。

他们在**数量**上肯定**不占多数**，但却是影响企业发展大局的**关键人物**。影响他们，才能真正对企业产生影响。

博瑞森的书，最大特点？

“本土”——理论和思想可以来自古今中外，但一定要适应本土；

“实战”——作者都是从企业、市场中摸爬滚打出来的，实战性是渗到骨子里的；

博瑞森的书，怎样“读”，作用好？

免费电子版，手机随时“读”

我们**90%**的书都提供**免费**的**全文电子版**，下载到手机（或 Pad、电脑）里，让惜时如金的你，获得最大程度的阅读自由！

QQ 群，读者间讨论着“读”

加入“**博瑞森读者群**（202230847、190415943）”的 QQ 讨论群，你的困惑、感受和读者、作者随时深入讨论！提个醒，群里有事说事，别乱发广告、搞笑段子，会被踢的。

作者见面会，带着问题“读”

“书看了，很好，但还是不知道该怎么做！”——正常，实践没有那么容易。参加作者见面会，带着自己的问题，现场指点很重要！给 bookgood@126.com 发封邮件，咨询详情。

微信、书摘邮件，天天点滴“读”

“书太厚，不容易读”——通过我们的微信公号（bookgood2005）或者你的个人邮箱，你每周都会收到 2 次博瑞森书的精品书摘，三五百字，便于精华快速地吸收。

更多方式的“读”

我们知道，以上这些还远远不够，你的感受、不满随时告诉我们（13611149991，

bookgood@126. com)，我们一起创造更多、更精彩的“读”……

分类导读图+书目

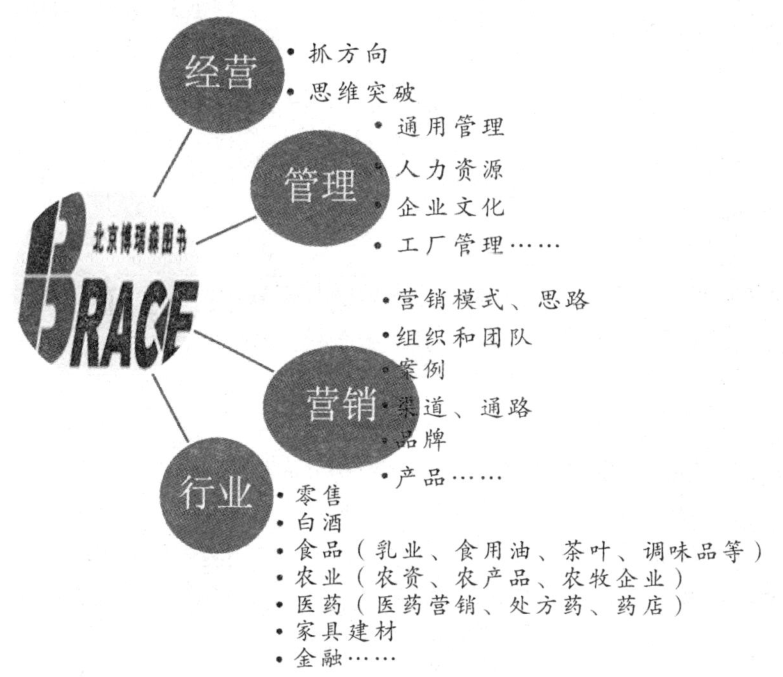

更多实战好书，请关注“**博瑞森图书直营店—淘宝网**”

http://qiyeshudian.taobao.com/

行业类：零售、白酒、食品/快消品、农业、医药、建材家居			
	书名．作者	内容/特色	读者价值
零售	**涨价也能卖到翻** 村松达夫 【日】	提升客单价的15种实用、有效的方法	日本企业在这方面非常值得学习和借鉴
	1. 总部有多强大，门店就能走多远 **2. 超市卖场定价策略与品类管理** **3. 零售企业招聘与培训破解之道** 【3待出版】 IBMG国际商业管理集团 著	国内外标杆企业的经验+本土实践量化数据+操作步骤、方法	通俗易懂，行业经验丰富，宝贵的行业量化数据，关键思路和步骤
	零售：把客流变成购买力 丁 昀 著	如何通过不断升级产品和体验式服务来经营客流	如何进行体验营销，国外的好经营，这方面有启发
白酒	**变局下的白酒企业重构** 杨永华 著 【待出版】	帮助白酒企业从产业视角看清趋势，找准位置，实现弯道超车的书	行业内企业要减少90%，自己在什么位置，怎么做，都清楚了
	1. 白酒营销的第一本书 **2. 白酒经销商的第一本书** 唐江华 著	华泽集团湖南开口笑公司品牌部长，擅长酒类新品推广、新市场拓展	扎根一线，实战
食品	**乳业营销第一书** 侯军伟 著	对区域乳品企业生存发展关键性问题的梳理	唯一的区域乳业营销书，区域乳品企业一定要看
	食用油营销第一书 余 胜 著	10多年油脂企业工作经验，从行业到具体实操	食用油行业第一书，当之无愧
	中国茶叶营销第一书 柏 龑 著	如何跳出茶行业"大文化小产业"的困境，作者给出了自己的观察和思考	不是传统做茶的思路，而是现在商业做茶的思路
	变局下的快消品营销实战策略 杨永华 著 【待出版】	通胀了，成本增加，如何从被动应战变成主动的"系统战"	作者对快消品行业非常熟悉、非常实战
	调味品营销第一书 陈小龙 著 【待出版】	国内唯一一本调味品营销的书	唯一的调味品营销的书，调味品的从业者一定要看
农业	**农资营销第一书** 张 博 著	农资如何向"深度营销"转型，从理论到实践进行系统剖析，经验资深	朴实、使用！不可多得的农资营销实战指导
	农产品营销第一书 胡浪球 著	从农业企业战略到市场开拓、营销、品牌、模式等	来源于实践中的思考，有启发
	变局下的农牧企业9大机遇 彭志雄 著 【待出版】	食品安全、纵向延伸、横向联合、品牌建设……	唯一的农牧企业经营实操的书，农牧企业一定要看
医药	**新医改下医药营销与团队管理** 史立臣 著	探讨新医改对医药行业的系列影响和医药团队管理	帮助理清思路，有一个框架
	医药营销与处方药学术推广 马宝琳 著	如何用医学策划把"平民产品"变成"明星产品"	有真货、讲真话的作者，堪称处方药营销的经典！
	新医改了，药店就要这样开 尚 锋 著	药店经营、管理、营销全攻略	有很强的实战性和可操作性
建材家居	**建材家居营销实务** 程绍珊 杨鸿贵 主编	价值营销运用到建材家居，每一步都让客户增值	有自己的系统、实战
	建材家居门店销量提升 贾同领 著 【待出版】	店面选址、广告投放、推广助销、空间布局、生动展示、店面运营等	门店销量提升是一个系统工程，非常系统、实战
工业品	**工业品解决方案营销真案例** 刘祖轲 著 【待出版】	用10个真案例讲明白什么是工业品的解决方案式营销，实战、实用	有干货、真正操作过的才能写得出来
	变局下的工业品企业7大机遇 叶敦明 著 【待出版】	产业链条的整合机会、盈利模式的复制机会、营销红利的机会、工业服务商转型机会……	工业品企业还可以这样做，思维大突破
金融	**精品银行管理之道** 崔海鹏 何屹 主编	中小银行转型的实战经验总结	中小银行的教材很多，实战类的书很少，可以看看

续表

经营类：企业如何赚钱，如何抓机会，如何突破，如何“开源”			
	书名．作者	内容/特色	读者价值
抓方向	**让经营回归简单．升级版** 宋新宇　著	化繁为简抓住经营本质：战略、客户、产品、员工、成长	经典，做企业就这几个关键点！
	企业由小到大要过哪些坎 卢　强　著	老板手里的一张“企业成长路线图”	现在我在哪儿，未来还要走哪些路，都清楚了
	企业二次创业成功路线图 夏惊鸣　著	企业曾经抓住机会成功了，但下一步该怎么办？	企业怎样获得第二次成功，心里有个大框架了
	老板经理人双赢之道 陈　明　著	经理人怎养选平台、怎么开局，老板怎样选/育/用/留	老板生闷气，经理人牢骚大，这次知道该怎么办了
	企业文化的逻辑 王祥伍　黄健江　著	为什么企业绩效如此不同，解开绩效背后的文化密码	少有的深刻，有品质，读起来很流畅
	使命驱动企业成长 高可为　著	钱能让一个人今天努力，使命能让一群人长期努力	对于想做事业的人，‘使命’是绕不过去的
思维突破	**跳出同质思维，从跟随到领先** 郭　剑　著	66个精彩案例剖析，帮助老板突破行业长期思维惯性	做企业竟然有这么多玩法，开眼界
	7个转变，让公司3年胜出 李　蓓　著	消费者主权时代，企业该怎么办	这就是互联网思维，老板有能这样想，肯定倒不了
	麻烦就是需求　难题就是商机 卢根鑫　著	如何借助客户的眼睛发现商机	什么是真商机，怎么判断、怎么抓，有借鉴

管理类：效率如何提升，如何实现经营目标，如何“节流”			
	书名．作者	内容/特色	读者价值
通用管理	**1. 让管理回归简单．升级版** **2. 让用人回归简单** **3. 让经营回归简单．升级版** 宋新宇　著	宋博士的“简单”三部曲，影响20万读者，非常经典	被读者热情地称作“中小企业的管理圣经”
	边干边学做老板 黄中强　著	创业20多年的老板，有经验、能写、又愿意分享，这样的书很少	处处共鸣，帮助中小企业老板少走弯路
	阿米巴经营的中国模式 李志华　著	让员工从“要我干”到“我要干”，价值量化出来	阿米巴在企业如何落地，明白思路了
	欧博心法：好管理，靠修行 曾　伟　著	用佛家的智慧，深刻剖析管理问题，见解独到	如果真的有‘中国式管理’，曾老师是其中标志性人物
	1. 用流程解放管理者 **2. 用流程解放管理者2** 张国祥　著	中小企业阅读的流程管理、企业规范化的书	通俗易懂，理论和实践的结合恰到好
人力资源	**走出薪酬管理误区** 全怀周　著	剖析薪酬管理的8大误区，真正发挥好枢纽作用	值得企业深读的实用教案
	回归本源看绩效 孙　波　著	让绩效回顾“改进工具”的本源，真正为企业所用	确实是来源于实践的思考，有共鸣
	集团化人力资源管理实践 李小勇　著	对搭建集团化的企业很有帮助，务实，实用	最大的亮点不是理论，而是结合实际的深入剖析
	人才评价中心．超级漫画版 邢　雷　著	专业的主题，漫画的形式，只此一本	没想到一本专业的书，能写成这效果
	我的人力资源咨询笔记 张　伟　著　【待出版】	管理咨询师的视角，思考企业的HR管理	通过咨询师的眼睛对比很多企业，有启发
	本土化人力资源管理8大思维 周　剑　著	成熟HR理论，在本土中小企业实践中的探索和思考	对企业的现实困境有真切体会，有启发
企业文化	**华夏基石方法：企业文化落地本土实践** 王祥伍　谭俊峰　著	十年积累、原创方法、一线资料，和盘托出	在文化落地方面真正有洞察，有实操价值的书
	企业文化的逻辑 王祥伍　著	为什么企业之间如此不同，解开绩效背后的文化密码	少有的深刻，有品质，读起来很流畅
	企业文化激活沟通 宋杼宸　安琪　著	透过新任HR总经理的眼睛，揭示出沟通与企业文化的关系	有实际指导作用的文化落地读本

续表

生产管理	**高员工流失率下的精益生产** 余伟辉　著	中国的精益生产必须面对和解决高员工流失率问题	确实来源于本土的工厂车间，很务实
	车间人员管理哪些事儿 岑立聪　著	车间人员管理中处理各种"疑难杂症"的经验和方法	基层车间管理者最闹心、头疼的事，'打包'解决
	1. 欧博心法：好管理，靠修行 **2. 欧博心法：好工厂，这样管** 曾　伟　著【待出版】	他是本土最大的制造业管理咨询机构创始人，他从400多个项目、上万家企业实践中锤炼出的欧博心法	中小制造型企业，一定会有很强的共鸣
	欧博案例1：生产计划管控 **欧博案例2：品质管理** **欧博案例3：工厂效率提升** 曾　伟　著【待出版】	最典型的问题、最详尽的解析，工厂管理9大问题27个经典案例	没想到说得这么细，超出想象，案例很典型，照搬都可以了

营销类：把客户需求融入企业各环节，提供"客户认为"有价值的东西

	书名．作者	内容/特色	读者价值
营销模式	**变局下的营销模式升级** 程绍珊　叶宁　著【待出版】	客户驱动模式、技术驱动模式、资源驱动模式	很多行业的营销模式被颠覆，调整的思路有了！
	卖轮子 科克斯　【美】	小说版的营销学！营销核心理念巧妙贯穿其中，贵在既有趣，又有深度	经典、有趣！一个故事读懂营销精髓
	弱势品牌如何做营销 李政权　著【待出版】	中小企业虽有品牌但没名气，营销照样能做的有声有色	没有丰富的实操经验，写不出这么具体、详实的案例和步骤，很有启发
组织和团队	**升级你的营销组织** 程绍珊　吴越舟　著	用"有机性"的营销组织力替代"营销能人"，把营销团队变成"铁营盘"	营销队伍最难管，程老师不愧是营销第1操盘手，步骤、方法都很成熟
	用数字解放营销人 黄润霖　著	通过量化帮助营销人员提高工作效率	作者很用心，很好的常备工具书
	成为优秀的快消品区域经理 伯建新　著	37个"怎么办"分析区域经理的工作关键点	可以作为区域经理的'速成催化器'
	一位销售经理的工作心得 蒋　军　著	一线营销管理人员想提升业绩却无从下手时，可以看看这本书	一线的真实感悟
案例	**我们的营销真案例** 联纵智达研究院　著	五芳斋粽子从区域到全国/诺贝尔瓷砖门店销量提升/利豪家具出口转内销/汤臣倍健的营销模式/娃哈哈联销体	选择的案例都很有代表性，实在、实操！
	招招见销量的营销常识 刘文新　著	如何让每一个营销动作都直指销量	适合中小企业，看了就能用
产品	**产品炼金术** 史贤龙　著	帮助企业对打造畅销产品有一个全局性、框架性的认识	必须具备的思维和方法，避免在产品上再犯大的错
品牌	**中小企业如何建品牌** 梁小平　著	中小企业建品牌的入门读本，通俗、易懂	对建品牌有了一个整体框架
	采纳方法：破解本土营销8大难题 朱玉童　编著	全面、系统、案例丰富、图文并茂	希望在品牌营销方面有所突破的人，应该看看
渠道通路	**传统行业如何用网络拿订单** 张　进　著	给老板看的第一本网络营销书	适合不懂网络技术的经营决策者看
	采纳方法：化解渠道冲突 朱玉童　编著	系统剖析渠道冲突，21个最新的渠道冲突案例、情景式讲解，37篇专题讲义	系统、全面
	快消品营销与渠道管理 谭长春　著	将快消品标杆企业渠道管理的经验和方法分享出来	可口可乐、华润的一些具体的渠道管理经验，实战